MICA ENCICLOPEDIE
HYGGE

MICA ENCICLOPEDIE
HYGGE
REȚETA DANEZĂ
A FERICIRII

MEIK WIKING

O EDIȚIE LITERA

The Little Book of Hygge
The Danish Way to Live Well
Meik Wiking

Copyright © 2016 Meik Wiking

Ediție publicată pentru prima dată în limba engleză de Penguin Books Ltd., London în 2016.

LITERA®

Editura Litera
O.P. 53; C.P. 212, sector 4, București, România
tel.: 021 319 63 90; 031 425 16 19; 0752 548 372
e-mail: comenzi@litera.ro

Ne puteți vizita pe

www.litera.ro

Mica enciclopedie Hygge
Rețeta daneză a fericirii
Meik Wiking

Copyright © 2017 Grup Media Litera
pentru versiunea în limba română
Toate drepturile rezervate

Traducere din limba engleză: Valentina Georgescu

Editor: Vidrașcu și fiii
Redactori: Isabella Prodan, Georgiana Harghel
Corector: Georgiana Enache
Copertă: Flori Zahiu
Tehnoredactare și prepress: Valentin Simionescu

Descrierea CIP a Bibliotecii Naționale a României
Mica enciclopedie Hygge. Rețeta daneză a fericirii /
trad.: Valentina Georgescu – București : Litera, 2017

ISBN 978-606-33-1418-6

I. Georgescu, Valentina (trad.)
81'374.2:087.5=135.1

CUPRINS

INTRODUCERE

*Hooga? Hhyooguh? Heurgh? Nu contează cum alegeți să
pronunțați sau chiar să scrieți „hygge". Pentru a-l parafraza pe
unul dintre cei mai de seamă filosofi contemporani – Winnie,
ursulețul de pluș –, când i s-a cerut să silabisească o anumită
emoție: „Asta nu se silabisește, se simte".*

Oricum ar fi, silabisirea sau pronunțarea cuvântului „hygge" este par-
tea ușoară. Explicarea exactă a noțiunii este partea complicată. Pentru
hygge există tot felul de definiții, de la „arta de a crea intimitate", „confort
sufletesc" și „lipsa supărărilor", la „bucuria dată de lucrurile ce induc o
stare de bine", „starea de confort în prezența semenilor" și, varianta mea
preferată, „ciocolată fierbinte la lumina lumânărilor".

Hygge este, mai degrabă, ambianță, trăire și nu ține neapărat de obiecte.
Înseamnă să fim cu persoanele pe care le iubim. Sentimentul de acasă.
Sentimentul că suntem în siguranță, că suntem la adăpost și că putem
lăsa garda jos. Poate că purtați o discuție nesfârșită despre micile sau
marile probleme ale vieții, ori vă simțiți, pur și simplu, bine unul în com-
pania celuilalt, fără să vorbiți, ori sunteți doar voi cu voi și atât, savurând
o ceașcă de ceai.

Într-un an, chiar înainte de Crăciun, am petrecut un weekend cu niște
prieteni, într-o cabană veche. Cea mai scurtă zi din an avea o strălucire
aparte, grație unei pături de nea așternute peste reliful din jurul cabanei.
După ce a apus soarele, pe la patru după-amiaza, urmând să-l mai vedem
abia peste șaptesprezece ore, am intrat în cabană, să aprindem focul.

Eram, cu toții, obosiți și pe jumătate adormiți după drumeție, așa că ne-am
adunat în semicerc în jurul sobei din cabană, îmbrăcați în pulovere și cu
șosete groase de lână în picioare. Singurele zgomote care se auzeau erau
clocotele molcome ale tocăniței de pe foc, pocnetul lemnelor care ardeau

în vatră și înghițiturile de vin fiert parfumat, sorbite de unul sau de altul. Apoi, unul dintre prietenii mei a rupt tăcerea:

– Ce-ar putea fi mai hygge de-atât? a întrebat el retoric.

– Știu eu! a spus una dintre fete după o clipă. Un viscol năprasnic afară.

Am aprobat cu toții în tăcere.

SECRETUL FERICIRII

Am cea mai bună slujbă din lume. Caut să aflu ce-i face pe oameni fericiți. La Institutul pentru Cercetarea Fericirii – o entitate independentă care asigură consiliere pe chestiuni ca bunăstare personală, fericire și calitate a vieții –, studiem cauzele și efectele fericirii oamenilor, cu scopul îmbunătățirii calității vieții cetățenilor din toată lumea.

Avem sediul în Danemarca și, da, avem lumânări aprinse în birouri de luni până vineri – și, din nou da, ne-am ales sediul parțial ținând cont de hygge. E drept că șemineu nu avem. Încă. Dar un motiv pentru care am fondat acest institut și i-am ales sediul central în Danemarca a fost faptul că această țară se numără consecvent printre cele mai fericite din lume. Danemarca este, fără doar și poate, o utopie perfectă, deși se confruntă, și ea, cu provocări și situații la fel ca oricare altă țară, însă eu sunt de părere că Danemarca poate fi o sursă de inspirație pentru felul în care ar putea alte țări să ridice nivelul calității vieții cetățenilor lor.

Această poziție a Danemarcei, ca una dintre cele mai fericite țări din lume, a suscitat interesul celor din media. Săptămânal, ziariști de la *The New York Times*, BBC, *The Guardian*, *The China Daily* și *Washington Post*, printre altele, îmi pun întrebări de genul: „De ce sunt danezii așa de fericiți?" și: „Ce putem învăța de la danezi în materie de fericire?" În plus, delegații de primari, de cercetători și de politicieni din toate colțurile lumii vizitează frecvent Institutul pentru Cercetarea Fericirii în căutarea... ei bine... în căutarea fericirii – sau, cel puțin, în căutarea motivelor aflate la baza acestui mare nivel de fericire, de bine și de calitate a vieții, de care se bucură cetățenii Danemarcei. Pentru mulți dintre ei, motivele rămân de-a dreptul un mister, întrucât – pe lângă vremea oribilă –, danezii au unele dintre cele mai ridicate rate de impozitare din lume.

Interesant este faptul că mulți susțin starea de bine. Această susținere provine din conștientizarea ideii că tiparul fericirii transformă bogăția colectivă în bine personal. Nu e vorba că plătim taxe, noi investim în societatea noastră. Cumpărăm calitatea vieții. Cheia înțelegerii acestui nivel ridicat de bine din Danemarca este capacitatea tiparului de bunăstare de a reduce riscul, incertitudinea și anxietatea în rândul cetățenilor și de a preveni nefericirea extremă.

Cu toate acestea, eu mi-am dat seama de curând că există un ingredient din rețeta danezilor pentru fericire care a fost trecut cu vederea: hygge. Cuvântul „hygge" provine dintr-un termen norvegian care înseamnă „stare de bine". Timp de aproape cinci sute de ani, Danemarca și Norvegia au format un singur regat, până când Danemarca a pierdut Norvegia, în 1814. „Hygge" a apărut, în daneza scrisă, pentru prima oară, la începutul secolului al XVII-lea și se prea poate ca legătura dintre hygge și starea de bine sau fericire să nu fie o coincidență.

Danezii sunt cel mai fericit popor din Europa, conform unui studiu european. În plus, se întâlnesc cel mai des cu prietenii și familia și sunt cei mai calmi și mai pașnici. Prin urmare, există un motiv întemeiat pentru interesul crescut față de ceea ce ține de hygge. Jurnaliștii fac turul Danemarcei în căutarea acestuia; în Marea Britanie, la o facultate, se țin prelegeri despre acest concept danez, iar în lume, în general, apar tot mai des patiserii, magazine și cafenele conforme cu hygge. Dar cum ajungem la hygge? Cum sunt hygge și fericirea legate între ele? Și ce reprezintă, mai precis, acest concept? Iată câteva din întrebările la care caută să răspundă această carte.

LUMINĂ

HYGGE INSTANT: LUMÂNĂRI

Nici o rețetă de hygge nu este completă fără lumânări! Când danezii sunt întrebați care este elementul cel mai des asociat cu hygge, un procent copleșitor de 85% dintre ei vor răspunde că lumânările.

Cuvântul danez pentru o persoană care strică plăcerea sau cheful este *lyseslukker*, ceea ce s-ar traduce, literalmente și deloc întâmplător, prin „cel care stinge lumânările". Nu există cale mai rapidă către hygge decât aprinderea câtorva lumânări sau, așa cum se numesc ele în daneză, *levende lys*, adică „lumini vii". Ambasadorul Statelor Unite în Danemarca, Rufus Gifford, a spus despre relația „amoroasă" a danezilor cu lumânările: „Vă mărturisesc că aprind lumânări nu doar în camera de zi. Le aprind peste tot! În sălile de clasă, în sălile de conferință. Ca american, te gândești: «Pericol de incendiu! Cum e posibil să ții o flacără aprinsă într-o sală de clasă?» Este un fel de fericire emoțională, un confort emoțional."

Ambasadorul a înțeles cum stau lucrurile. Conform Asociației Europene a Lumânărilor, Danemarca arde mai multe lumânări pe cap de locuitor decât orice altă țară europeană. Fiecare danez arde anual în jur de șase kilograme de ceară pentru lumânări. Ca să punem informația într-un context, fiecare danez consumă în jur de trei kilograme de bacon anual (da, consumul de bacon pe cap de locuitor este o unitate de măsură standard în Danemarca). Consumul de lumânări este un record european. Într-adevăr, Danemarca arde aproape de două ori mai multă ceară pentru lumânări decât țara plasată pe locul doi, Austria, cu 3,16 kilograme anual. Oricum, nu lumânările parfumate sunt cele preferate.

De fapt, Asp-Holmblad, cel mai vechi producător de profil din Danemarca, nici măcar nu are lumânări parfumate în gama sa de produse. Lumânările parfumate sunt considerate artificiale, iar danezii preferă produse naturale și ecologice. De altfel, Danemarca se află printre țările fruntașe din punctul de vedere al produselor ecologice cumpărate.

Peste jumătate dintre danezi aprind lumânări aproape zilnic, în timpul toamnei și al iernii, și numai 4% declară că nu au aprins niciodată lumânări, conform unui studiu realizat de unul dintre ziarele importante din Danemarca. În luna decembrie, consumul de lumânări se triplează, acesta fiind și momentul când apare o lumânare specială, *kalenderlys* – lumânarea de advent, care se arde numai în cele patru săptămâni ce preced Crăciunul. Această lumânare este marcată cu douăzeci și patru de liniuțe, câte una pentru fiecare zi de decembrie de dinaintea Crăciunului, reprezentând, poate, cea mai lentă numărătoare inversă din lume.

O altă ocazie specială cu care sunt aprinse lumânări este ziua de 4 mai, cunoscută și ca *lysfest*, sau „sărbătoarea luminii". În 1945, în seara zilei de 4 mai, postul de radio BBC a transmis știrea că trupele germane care ocupaseră Danemarca în 1940 au capitulat. Asemenea multor altor țări în timpul celui de-al Doilea Război Mondial, Danemarca a suportat, și ea, rigorile camuflajului, forțele aeriene inamice fiind, astfel, împiedicate să se orienteze după luminile orașelor. Danezii sărbătoresc și acum revenirea luminii, punând lumânări la ferestre în această seară specială.

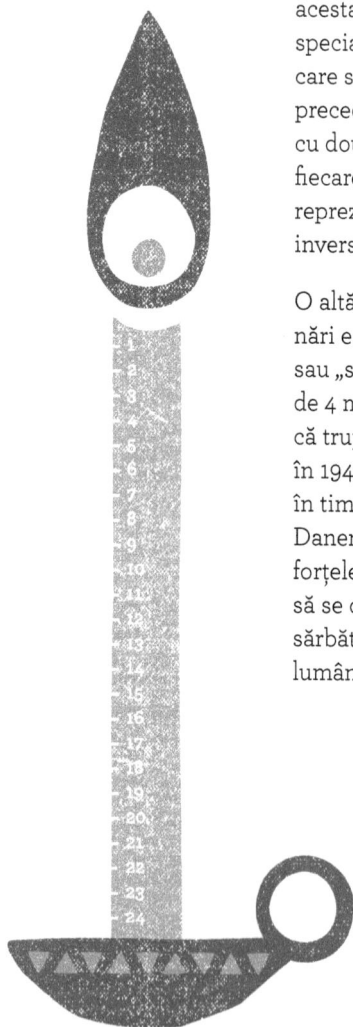

Oricât de hygge ar fi, această nebunie a lumânărilor are un inconvenient real: funinginea. Studiile arată că o singură lumânare care arde emană în aer mai multe microparticule decât traficul de pe o stradă aglomerată.

Un studiu realizat de Institutul danez pentru Cercetări în Construcții a arătat că lumânările degajă mai multe particule în interiorul locuințelor decât țigările sau gătitul. În ciuda faptului că Danemarca este o țară extrem de organizată, încă mai există avertismente pe etichetele de pe lumânări. Nimeni nu se pune cu fanaticii hygge. Danezii devin, în prezent, tot mai conștienți de importanța aerisirii unei încăperi după ce ard lumânări. Cu toate acestea, în ciuda implicațiilor asupra sănătății, ei continuă să folosească lumânări în cantități uriașe.

Cât de des aprind danezii lumânări

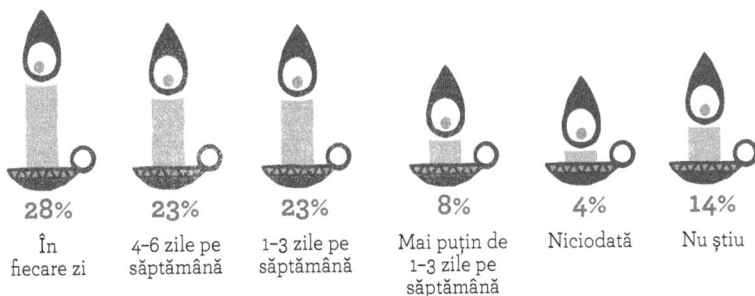

28%	23%	23%	8%	4%	14%
În fiecare zi	4–6 zile pe săptămână	1–3 zile pe săptămână	Mai puțin de 1–3 zile pe săptămână	Niciodată	Nu știu

Câte lumânări sunt aprinse deodată?

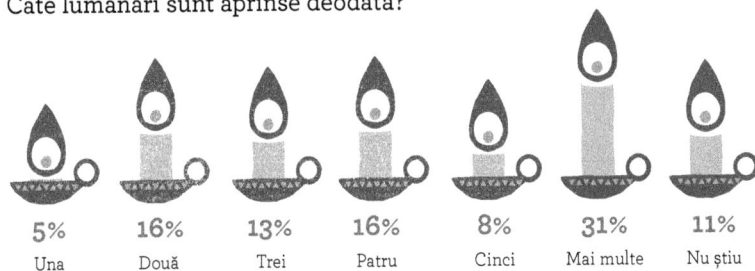

5%	16%	13%	16%	8%	31%	11%
Una	Două	Trei	Patru	Cinci	Mai multe	Nu știu

15

CORPURI DE ILUMINAT

Iluminatul nu se rezumă doar la lumânări. Danezii sunt obsedați de iluminat, în general. Am petrecut odată două ore umblând prin Roma cu iubita mea de atunci, pentru a găsi un restaurant cu lumină care să creeze o atmosferă hygge.

Danezii aleg corpurile de iluminat cu grijă și le dispun strategic, pentru a crea zone liniștitoare de lumină. Este o artă, o știință și o industrie. Unele dintre corpurile de iluminat cele mai frumoase din lume provin din epoca de aur a designului danez, precum sunt lămpile create de Poul Henningsen, de Arne Jacobsen și de Verner Panton. Vizitați un student danez strâmtorat cu banii și probabil că tot veți descoperi o lampă Verner Panton de 1 000 €, într-un colțișor al camerei lui de treizeci și doi de metri pătrați.

Regula simplă este: cu cât temperatura luminii este mai scăzută, cu atât lumina este mai hygge. Blițul unui aparat de fotografiat are aproximativ 5 500 kelvini (K), tuburile fluorescente au 5 000 K, becurile incandescente, 3 000 K, în timp ce apusurile de soare, focul de lemne și flacăra unei lumânări au aproximativ, 1 800 K. Aceasta este temperatura optimă pentru hygge.

Invitați un grup de danezi la o cină hygge și așezați-i la masă sub lumina de 5 000 K a unui tub fluorescent. Vor arde precum niște vampiri sub lumina soarelui! La început, vor miji ochii, cercetând obiectul de tortură instalat în tavan. Apoi, după servirea cinei, veți vedea că vor începe să se foiască pe scaune, scărpinându-se compulsiv și încercând să-și înfrâneze ticurile nervoase.

Obsesia pentru iluminare vine din lipsa contactului cu lumina în mediul natural, în perioada cuprinsă între octombrie și martie. În acest interval, singura resursă pe care o are Danemarca din abundență este întunericul. Verile sunt foarte frumoase aici! Când primele raze de soare le scaldă tărâmurile, danezii se trezesc din hibernare și se dau peste cap să găsească

locşoare la soare. Ador vara daneză! Este perioada mea preferată din an. Şi, ca şi cum n-ar fi de-ajuns că iernile sunt întunecate şi reci, iar verile scurte, Danemarca mai are şi 179 de zile de ploaie pe an. Este un fel de Winterfell din *Urzeala tronurilor* (fanii serialului ştiu ce vreau să zic).

Acesta este motivul pentru care conceptul de hygge a fost cizelat până la stadiul actual, fiind perceput ca parte integrantă a identităţii naţionale şi a culturii din Danemarca. Hygge este un antidot pentru iernile reci, pentru zilele ploioase şi pentru întunericul copleşitor. Prin urmare, deşi poţi să te bucuri de hygge tot timpul anului, iarna este perioada când acesta devine nu doar o necesitate, ci, mai ales, o strategie de supravieţuire. De aceea au danezii reputaţia de a fi fundamentalişti în materie de hygge şi de a vorbi despre asta... foarte mult.

Colţul meu preferat din apartamentul pe care-l am în Copenhaga este pervazul ferestrei din bucătărie. Este destul de lat, pentru a te putea aşeza pe el, şi l-am umplut cu pernuţe şi pleduri, pentru a-l face foarte hyggekrog (vezi dicţionarul de la pagina 42). Caloriferul de sub pervaz face ca acest loc să fie perfect pentru a savura o ceaşcă de ceai într-o noapte rece de iarnă. Dar cel mai mult îmi place lumina caldă, chihlimbarie, ce pătrunde aici din fiecare apartament aflat în partea opusă a curţii. Este un mozaic de lumini în permanentă schimbare, în funcţie de plecarea sau de venirea oamenilor acasă. Îi datorez, parţial, această imagine lui Poul Henningsen. În mod inevitabil este foarte probabil ca o cameră frumos luminată din Danemarca să deţină un corp de iluminat creat de arhitectul şi designerul cunoscut de toţi danezii prin iniţialele PH.

Henningsen a fost, pentru corpurile de iluminat, ceea ce a fost Edison pentru bec. Asemenea majorităţii danezilor de azi, PH a fost obsedat de lumină. Unii îl numesc primul arhitect de lumini din lume, fiindcă l-a preocupat importanţa luminii pentru starea noastră de bine, scopul lui fiind să realizeze o lampă care să poată răspândi lumina astfel încât să nu le intre oamenilor direct în ochi.

Poul Henningsen s-a născut în 1894 şi nu a crescut cu lumină electrică, ci cu lumina caldă a lămpii cu gaz. Aici şi-a găsit sursa de inspiraţie. Creaţiile lui modelează şi cizelează puterea luminii electrice, păstrând, în acelaşi timp, căldura luminii răspândite de lampa cu gaz.

Nu este scump să luminezi corect o încăpere – dar, pentru asta, este nevoie de cultură. De la vârsta de optsprezece ani, când am început să lucrez cu lumina, am căutat armonia din iluminat. Oamenii sunt precum copiii. Cum primesc jucării noi, se leapădă de cultură și începe nebunia. Lumina electrică ne-a permis să ne scăldăm în lumină.

Seara, când privești din tramvaiul în mers către apartamentele de la primul etaj al blocurilor, te înfiori de cât de sumbre sunt casele oamenilor. Mobila, stilul, covoarele – nimic din casă nu este mai important decât poziționarea luminii.

Poul Henningsen (1894–1967), „Despre lumină"

TREI LAMPADARE DANEZE EMBLEMATICE

① LAMPADARUL PH

După un deceniu de experimente cu lampadare și lumini în podul casei sale, Henningsen a prezentat primul lampadar PH, în 1925. Acesta dădea o lumină mai caldă și mai slabă, prin utilizarea unei serii de abajururi suprapuse, menite să difuzeze lumina, deși becul rămânea ascuns. În plus, pentru a aduce dezagreabila lumină albă spre zona mai roșie a spectrului, PH a vopsit în roșu partea interioară a unuia dintre elementele abajurului. Cel mai mare succes, în această categorie, a fost PH5, care are abajururi metalice și a fost lansat în 1958, însă lampadarele PH s-au produs în peste o mie de modele diferite. Multe dintre acestea nu se mai realizează în prezent, iar cele mai rare lampadare pot fi adjudecate, la licitații, pentru mai mult de 20 000 £.

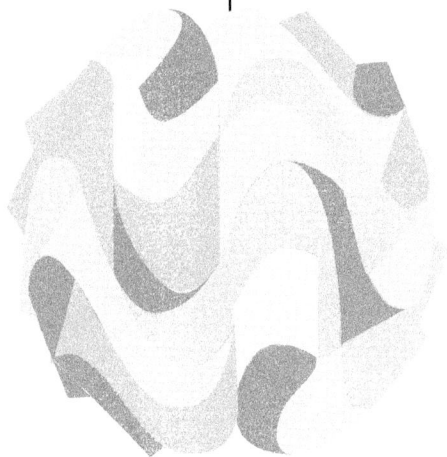

② LE KLINT

În 1943, familia Klint a început să producă abajururi cu pliuri duble, care fuseseră, de fapt, create cu patru decenii înainte de către arhitectul danez Peder Vilhelm Jensen-Klint, pentru uz personal. Acesta își făcuse o lampă pe gaz care avea nevoie de un abajur. Ideea s-a transformat într-o afacere de familie, care a pus în practică abilitățile de designeri, de inovatori și de comercianți ale fiilor și fiicelor lui Klint.

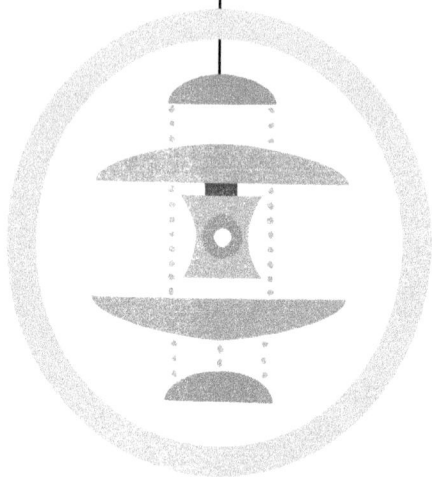

③ PANTON VP GLOBE

Panton VP Globe este un corp de iluminat suspendat, care dă o lumină difuză, liniștitoare, grație unui cadru central. A fost proiectat în 1969, de Verner Panton, un adevărat *enfant terrible* al designului danez, căruia îi plăcea foarte mult să lucreze cu materiale precum plasticul și oțelul. Panton a frecventat Academia Regală Daneză de Arte Frumoase, secția de Arhitectură, design și conservare, o instituție de vârf din domeniu, care include, în prezent, un „laborator pentru studiul luminii", unde sunt analizate lumina diurnă și lumina artificială.

MAI BINE DECÂT PHOTOSHOP

Există o profesie în care oamenii s-ar putea să fie la fel de obsedați de lumină precum danezii: cea de fotograf. Termenul „fotografie" înseamnă „a picta cu lumină", iar, când faci acest lucru, înțelegi mai bine lumina și abilitatea fiecăruia de-a o vedea și aprecia.

Poate că acesta este motivul pentru care îmi place fotografia și am făcut zeci de mii de fotografii în ultimii zece ani. Acesta este și motivul pentru care lumina mea preferată este la ora de aur, adică la prima oră de după răsăritul soarelui și ultima oră de după apus. Când soarele e jos pe cer, lumina străbate o distanță mai mare prin atmosferă, fiind mai caldă, delicată și difuză. Se mai numește și „ora magică", iar eu cred că, pentru a 250-a fracțiune dintr-o secundă, m-am îndrăgostit de fiecare femeie pe care am fotografiat-o în acest moment al zilei. Aceasta este lumina pe care trebuie s-o ai în vedere, dacă vrei un iluminat *hyggelig* în casă. Calitatea măgulitoare a iluminatului vă va face pe tine și pe toți prietenii tăi să arătați fabulos! E mai bună decât orice filtru de pe Instagram!

PONT: CREAȚI UN ILUMINAT *HYGGELIG*!

Ați ghicit! Aprindeți lumânări! Dar nu uitați să aerisiți! Totuși, poate că vreți să luați în considerare și o strategie pentru iluminatul electric. De obicei, câteva lămpi de mici dimensiuni dispuse prin cameră creează o lumină mai *hyggeligt* decât un corp de iluminat mare atârnat în plafon. Intenția este să creați mici zone de lumină, în toată încăperea.

SĂ VORBIM DESPRE HYGGE!

SINDROMUL TOURETTE

Limba daneză a fost descrisă în toate felurile, dar nu s-a spus niciodată despre ea că ar fi frumoasă. Căutați pe Google, în engleză, „daneza sună ca..." și primele două sugestii care apar sunt „germana" și „cartof". Pentru străini, daneza sună ca germana vorbită de un om în timp ce mestecă un cartof fierbinte.

De fapt, unii au sugerat că ar suna precum horcăiala unei foci pe moarte. Și, totuși, această limbă este foarte bogată, când vine vorba de definirea conceptului de hygge.

Hygge este atât verb, cât și adjectiv – ceva poate fi *hyggelig(t)*: Ce cameră de zi *hyggelig*! A fost așa de *hyggeligt* să te văd! Ce distracție *hyggelig*!

Folosim atât de des termenul „hygge" și facem atâtea lucruri *hyggelig*, încât străinii au impresia că suferim de o formă benignă a sindromului Tourette. Efectiv, simțim nevoia să spunem despre orice că este *hyggeligt*! Tot timpul, nu doar într-un moment anume! Discutăm despre cât de *hyggeligt* ar fi să ne vedem vineri seara, iar luni rememorăm cât de *hyggeligt* a fost vineri.

Hygge este un indicator de top pentru majoritatea reuniunilor sociale din Danemarca. „Iubito, crezi că musafirii noștri s-au *hyggede*?" (Este preteritul verbului, nu încercați să pronunțați.)

La interval de câteva săptămâni, mă întâlnesc cu un grup de prieteni ca să jucăm pocher. Este o adunare destul de cosmopolită, cu persoane din Mexic, SUA, Tucia, Franța, Anglia, India și Danemarca. De-a lungul anilor, am abordat majoritatea subiectelor de conversație, de la femei la cum să optimizezi raza de acțiune a unui tun cu portocale, și, dată fiind diversitatea grupului, conversațiile sunt întotdeauna în engleză. Cu toate acestea, toți cei care vin la întâlnire pronunță adesea un cuvânt danez. L-ați ghicit. Îl zice și Danny din Mexic, după ce pierde o mână bună: „Nu-i nimic. Eu am venit aici doar pentru hygge!"

HYGGE

Hygge nu este numai un indicator de top pentru evenimentele mondene, ci și o caracteristică nu chiar atât de singulară care face ca restaurantele și cafenelele să fie atrăgătoare. Căutați pe Google sintagma „restaurant plăcut", în daneză, și veți obține 7 000 de variante. Căutați „restaurant de calitate" și rezultă 9 600 de variante, iar pentru „restaurant ieftin", 30 600 de variante. „Restaurant *hyggelig*" va genera 88 900 de rezultate pe Google. După cum evidențiază Lonely Planet: „Danezii sunt obsedați de confort. Toți danezii. Până și cel mai dur motociclist, îmbrăcat în piele din cap până-n picioare, poate recomanda un bar hygge!"

Asta înseamnă că tot ce ați învățat la cursul de marketing este greșit. Preț, produs, loc și promovare, toate nu fac nici cât o ceapă degerată! Totul se rezumă la hygge! Eu locuiesc în Copenhaga. Există cafenele din belșug, una dintre ele chiar peste drum de apartamentul meu. Cafeaua lor este dezgustătoare. Are gust de pește (da, și eu am fost surprins) și costă cinci euro. Și, totuși, merg acolo uneori. Pentru că au un șemineu... hygge.

Șemineele nu sunt rare în Danemarca. Nici lumânările sau compania cuiva drag ori cuibăritul sub o pătură caldă, cu o cană de ceai alături, într-o

Poate fi tradus termenul hygge?

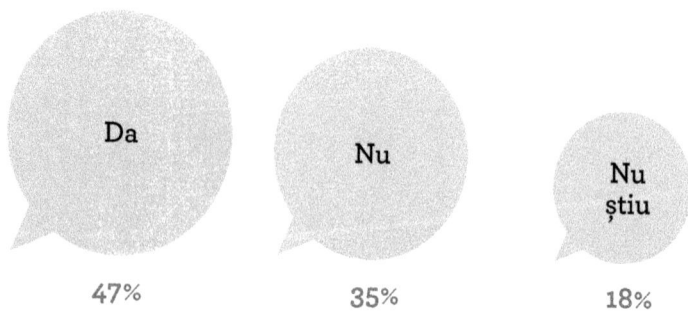

Da
47%

Nu
35%

Nu
știu
18%

seară cu vreme rea. Danezii insistă, totuși, că hygge este exclusiv danez. O treime refuză ideea că hygge poate fi tradus în altă limbă și cred că este specific danez.

Eu nu sunt de acord cu asta. Danezii nu sunt singurii care pot avea hygge sau se pot identifica cu acesta; alte limbi au, și ele, expresii similare. Olandezii îl numesc *gezelligheid*, iar germanii vorbesc despre *Gemütlichkeit*, un fel de stare de bine corelată cu mâncare bună și companie plăcută, iar canadienii îl vor recunoaște drept *hominess*. Cu toate acestea, deși există și alte limbi, în afară de daneză, care au adjective similare pentru substantivul „hygge", se pare că doar danezii folosesc „hygge" ca verb, ca în: „Vrei să treci pe la noi în seara asta, să hygge puțin?" Această exprimare pare aparte.

Tot aparte, pentru Danemarca, atunci când vine vorba de hygge, este cât de mult vorbim despre asta, cât ne concentrăm asupra acestui aspect și îl considerăm o caracteristică definitorie a identității noastre culturale și parte integrantă a ADN-ului național. Cu alte cuvinte, ceea ce este libertatea pentru americani, rigurozitatea pentru germani și stoicismul pentru britanici este hygge pentru danezi.

Este hygge un concept specific danez?

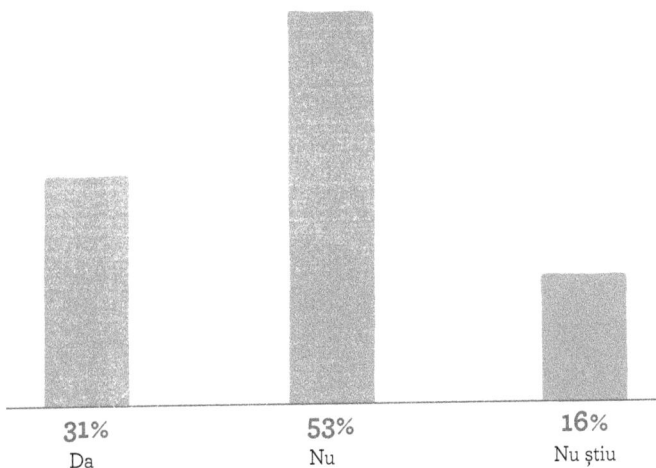

Da	Nu	Nu știu
31%	53%	16%

Sursa: Institutul pentru Cercetarea Fericirii

Grație importanței sale pentru cultura și identitatea daneze, limba daneză este, de asemenea, bogată când vine vorba despre hygge.

Daneza are o listă infinită de cuvinte compuse, ca de exemplu: *speciallægepraksisplanlægningsstabiliseringsperiode* (perioadă de stabilire a planificării stagiaturii pentru un medic specialist), care este un singur cuvânt. Este compus din cincizeci și una de litere și poate fi considerat golul de aur la scrabble.

Hygge nu este diferit. Se poate alătura aproape oricărui alt cuvânt din limba daneză. Poți fi un *hyggespreder* (persoană care promovează hygge), seara de vineri este rezervată pentru *familiehygge*, iar șosetele pot fi etichetate cu *hyggesokker* (șosete hygge). La Institutul pentru Cercetarea Fericirii, avem o plăcuță pe care scrie:

„Nu ezitați să împrumutați o pereche de hyggesokker de lână, dacă aveți picioarele reci!"

UN NUME, DOAR!

Shakespeare semnează aceste versuri faimoase din Romeo și Julieta: „Un nume, doar! Un trandafir, oricum/ I-ai spune-ți dă același scump parfum", iar eu sunt de părere că același lucru e valabil și pentru hygge.

Danezii nu sunt singurii care știu să se bucure de o atmosferă bună, de confort și de o companie agreabilă, în fața focului, savurând un vin fiert parfumat.

Dacă traducerea în engleză a termenului hygge drept *cosiness* („confort, tihnă") poate fi problematică, pierzându-se o mulțime din asocierile importante, există totuși o varietate de concepte mult mai asemănătoare cu hygge în lume.

Gezelligheid

KOSELIG

HYGGE

HOMINESS

Gemütlichkeit

GEZELLIGHEID – OLANDA

Dicționarele spun că *gezelligheid* se referă la ceva confortabil, elegant sau drăguț, însă, pentru olandezi, acesta înseamnă mai mult de-atât.

Dacă vrei să le devii simpatic olandezilor fără prea mult efort, spune ce-a spus președintele Obama când le-a vizitat țara, în 2014: „Am aflat că există un cuvânt olandez ce redă spiritul de aici și care nu are o traducere exactă în engleză, dar dați-mi voie să spun că prima mea vizită în Olanda a fost cu adevărat *gezellig*".

Olandezii folosesc cuvântul *gezellig* într-o diversitate de moduri, spunând, de exemplu, că merg într-o cafenea *gezellig* (a se citi: interior călduros, lumânări aprinse pâlpâinde și o pisică dormind într-un colț). Faptul de a se adăposti de o ploaie torențială într-un bar *gezellig*, unde sunt servite doar beri tradiționale și se ascultă doar muzică retro, este forma cea mai pură de *gezelligheid*. Faptul de a sta pe un scaun, într-o sală de așteptare rece și fără suflet, până-ți vine rândul la dentist, este oricum, numai *gezellig* nu, cu excepția cazului în care ești însoțit de un prieten foarte *gezellig*. Ați înțeles care sunt asemănările dintre *gezelligheid* și hygge?

Deși cele două sunt foarte similare, nu sunt complet identice, fiind adesea subliniat că *gezelligheid* este un pic mai social decât hygge. Pentru a verifica dacă așa stau lucrurile, am efectuat un mic sondaj în rândul cetățenilor olandezi, iar rezultatele par să susțină această teorie.

În cazul majorității indicatorilor, se pare că danezii percep hygge la fel cum percep olandezii *gezelligheid*. Conceptul este important în ambele culturi, iar lumânările, șemineele și Crăciunul sunt elemente centrale atât pentru hygge, cât și pentru *gezelligheid*. Și, totuși, afirmația că *gezelligheid* ar avea o dimensiune mai socială decât hygge este susținută și de datele culese de noi. Majoritatea olandezilor (57%) sunt de acord că *gezelligheid* este experimentat cel mai mult în afara casei, în vreme ce numai 27% dintre danezi consideră că este mai *hyggelig* să ieși în oraș. În plus, 62% dintre olandezi sunt de acord că vara este cel mai *gezellig* anotimp al anului, în vreme ce danezii preferă toamna, corelat cu hygge.

KOSELIG – NORVEGIA

Pentru norvegieni, ideal ar fi ca totul să fie *koselig*. Dar, încă o dată, să nu confundați acest cuvânt cu „confort, tihnă" (spun norvegienii).

Mai mult decât orice, *koselig* este sentimentul de căldură, de intimitate, pe care-l ai alături de cei dragi. O seară perfect *koselig* presupune mâncare bună pe masă, culori calde, un grup de prieteni dragi și un șemineu în funcțiune sau măcar niște lumânări aprinse.

HOMINESS – CANADA

Canadienii folosesc cuvântul *hominess* pentru a descrie situația în care te detașezi de lumea de afară. Desemnează un sentiment de comunitate, de căldură și apropierea de alte persoane, dar *hominess* se referă și la lucruri care-ți aduc aminte de casă sau te fac să te simți ca acasă. Astfel, el are o dimensiune fizică, dar și una simbolică: descrie modul în care proprietatea poate fi confortabilă, dacă este autentică și „reală", și modul în care o situație poate să-ți dea sentimentul de acasă, dacă trezește cumva, în mintea ta, starea sau sentimentul de adăpost și de detașare de lumea de afară. Așadar, întocmai precum hygge, *hominess* presupune, în mare, un sentiment de loialitate, de căldură și de comuniune.

GEMÜTLICHKEIT – GERMANIA

Germanii folosesc cuvântul *Gemütlichkeit* pentru a desemna starea de căldură, de prietenie și apropierea de semeni și, adesea, pentru a descrie atmosfera dintr-o grădină de vară tipic germană. Dacă mergeți la Oktoberfest în Germania, este foarte probabil că veți auzi cântecul „Ein Prost der Gemütlichkeit" („Să ciocnim pentru binele nostru").

Ce anotimp este cel mai *hyggelig/gezellig?*

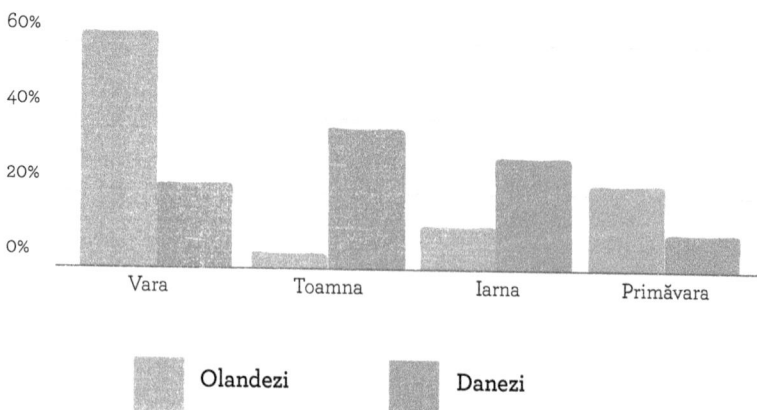

Legend: Olandezi, Danezi

Categories: Vara, Toamna, Iarna, Primăvara

HYGGE ESTE PENTRU TOȚI!

Lista conceptelor de mai înainte arată că și alți oameni, în afară de danezi, pot să trăiască hygge și, mai mult, că o și fac!

Este important de notat că aceste concepte, din diverse țări, nu sunt absolut identice, reprezentând însă, toate, versiuni mai dezvoltate și mai ample ale sentimentului de confort, de căldură și de socializare. Se referă la activități și cadre diferite, care generează sentimente similare și înrudite, ce au fuzionat în concepte lingvistice.

Totuși, poate că termenul danez hygge și cel olandez *gezelligheit* se remarcă, prin aceea că sunt foarte bine integrate în conversația cotidiană și în stilul de viață. Dar rămâne întrebarea dacă aceasta vine cu vreun beneficiu. S-ar putea să fie greu de dat un răspuns simplu. Dar merită menționat că, în conformitate cu studiile, Danemarca și Olanda se numără printre țările cu cei mai puțini cetățeni care se bucură rar de viață sau care sunt rareori calmi și relaxați. De asemenea, aceste două țări se plasează cel mai sus în clasamentele oficiale privind fericirea, realizate de ONU.

Așadar, un nume, doar! Pe de o parte, numele în sine este lipsit de orice valoare – hygge funcționează la fel de bine ca *hominess* sau *gezelligheit*. Pe de altă parte, noi folosim nume pentru a reda sentimentul de confort, de căldură și de socializare, pentru a contura un concept mai stabil și, în cele din urmă, pentru a dezvolta un fenomen care să ne definească trăsăturile culturale unice.

DE CE DIVERSELE LIMBI AU CUVINTE UNICE?

Un finlandez şi un străin se plimbă printr-o pădure din Finlanda.

Finlandezul: Uite o tokka în spatele tău!

Străinul: O ce? (*Pleosc*)

Finlandezul: O tokka! (*Pleosc*)

Nu sunt sigur dacă acesta este un banc în finlandeză, dar ar trebui să fie. *Tokka* se traduce prin „turmă mare de reni". Acum, în majoritatea limbilor, nu are sens să existe un cuvânt special pentru descrierea unei turme mari de reni, faţă de un singur ren, dar se pare că în finlandeză există.

Limba noastră reflectă lumea noastră. Dăm nume lucrurilor pe care le vedem – lucrurilor care contează. Nu este nimic nou. În anii 1980, în timp ce studia poporul inuit din nordul Canadei, antropologul Franz Boas era intrigat de limba inuită, care avea cuvinte precum *aqilokoq*, pentru a descrie o „ninsoare domoală", şi *piegnartoq*, pentru zăpadă numai bună să te dai cu sania.

În urma acestor descoperiri, ipoteza Sapir-Whorf spune că limba unei culturi reflectă felul în care oamenii percep mediul din jurul lor şi le influenţează modul de acţiune în lume. Oare am mai simţi iubire, dacă nu am avea un cuvânt pentru ea? Bineînţeles că am simţi! Dar cum ar fi lumea dacă nu am avea un cuvânt pentru căsătorie? Cuvintele şi limbile ne modelează speranţele şi visurile de viitor – iar visurile noastre de viitor modelează felul în care acţionăm în prezent.

Diferența dintre zăpada proaspăt depusă și zăpada bătătorită i-a ajutat pe inuiți să acționeze diferit, în vreme ce, foarte probabil, europenii ar fi tratat diversele tipuri de zăpadă la fel. Acest lucru reflectă nevoia de a face diferența între formele de zăpadă, nevoie organizată în cadrul limbii.

Motivul pentru care concepem cuvinte unice și intraductibile este că practicăm tradiții și modele comportamentale specifice, ca parte a unei culturi specifice. Și avem nevoie de cuvinte pentru ele. Unele cuvinte sunt ușor de tradus – mai ales cele ce denumesc obiecte tangibile, vizibile. Putem arăta înspre un câine și spune *dog*, *perro* sau *hund*. Un câine este un câine, indiferent că te afli în Marea Britanie, în Guatemala sau în Danemarca. În același timp, există nenumărate cuvinte „intraductibile" în lumea întreagă, deși unele dintre ele sunt mai ușor de definit decât altele: unele, de exemplu, pot fi reproduse lesne printr-o sintagmă scurtă, precum „turmă mare de reni".

Dar, când cuvântul denumește un concept intangibil, este complicat și mai dificil de explicat și de tradus. Aceasta este o chestiune cu care mă confrunt frecvent, în calitatea mea de cercetător. La fel stau lucrurile și cu conceptul hygge. Pe parcursul acestei cărți, voi încerca, așadar, să prezint lucruri, experiențe și momente care sunt hygge, astfel încât să ajungeți să înțelegeți exact ce presupune acesta.

ZECE CUVINTE ȘI SINTAGME UNICE DIN ÎNTREAGA LUME

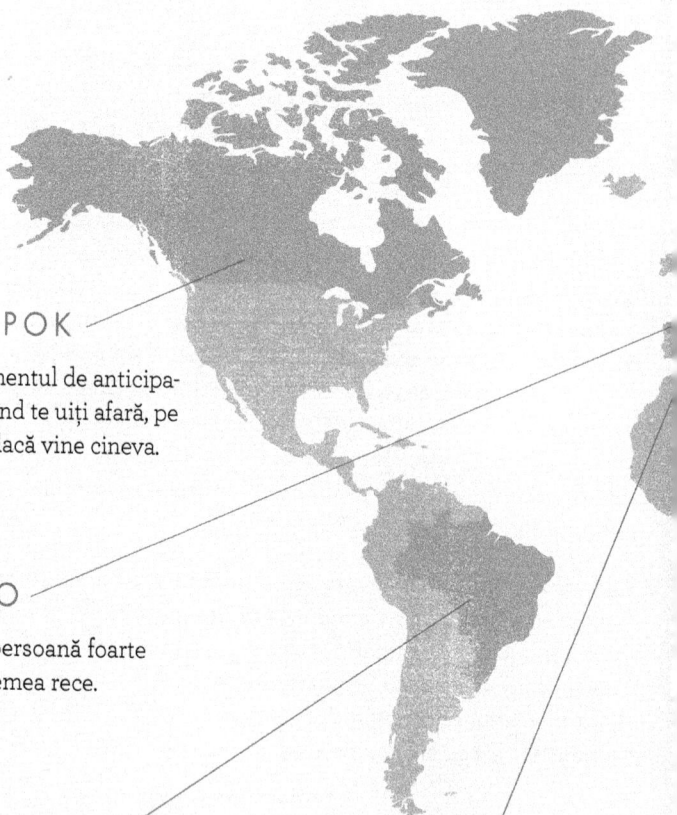

IKTSUARPOK

(*Inuită*) Sentimentul de anticipare, ca atunci când te uiți afară, pe geam, să vezi dacă vine cineva.

FRIOLERO

(*Spaniolă*) O persoană foarte sensibilă la vremea rece.

CAFUNÉ

(*Portugheză braziliană*) Trecerea delicată a degetelor prin părul persoanei iubite.

RIRE DANS SA BARBE

(*Franceză*) Să „râzi în barbă", reținut, în timp ce te gândești la ceva din trecut.

BUSAT

(Sami; nordul Scandinaviei)
Un ren mascul cu un singur
testicul foarte mare.

UTEPILS

(Norvegiană) Să stai afară
într-o zi însorită și să sa-
vurezi o bere.

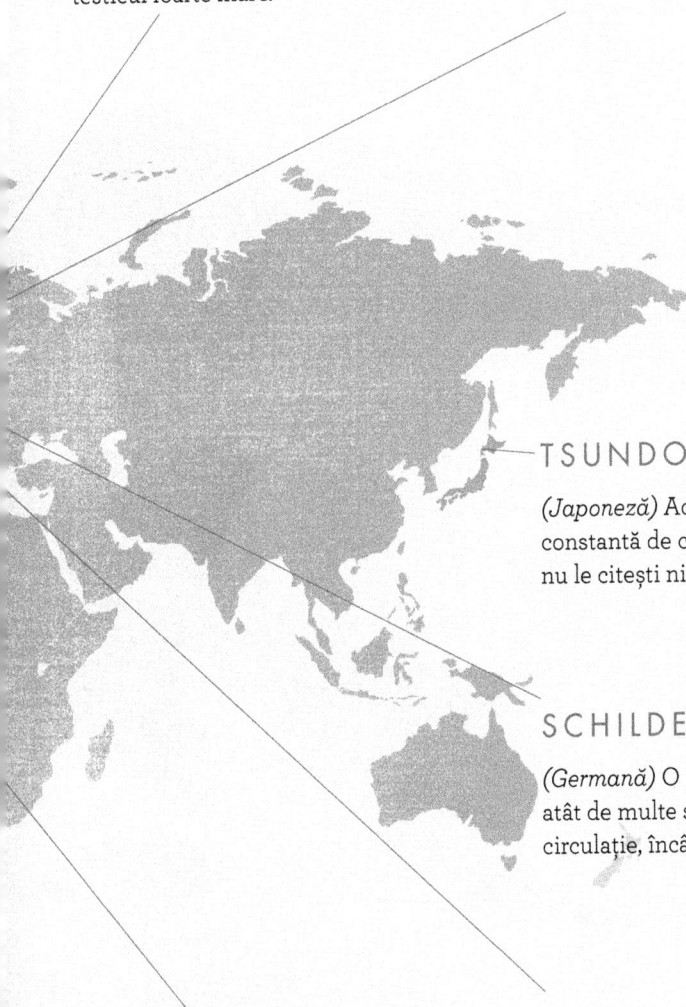

TSUNDOKO

(Japoneză) Achiziționarea
constantă de cărți pe care
nu le citești niciodată.

SCHILDERWALD

(Germană) O stradă cu
atât de multe semne de
circulație, încât te rătăcești.

HANYAUKU

(Rukwangali; Namibia)
Să mergi pe vârfuri pe
nisipul cald.

GATTARA

(Italiană) O bătrână care-și
dedică viața pisicilor
maidaneze.

DICȚIONAR

Cuvintele ne modelează acțiunile. Iată, așadar, câteva cuvinte noi, care să vă ajute să obțineți hygge.

Fredagshygge/Søndagshygge [*Fredashooga/Sundashooga*]

Hygge de vineri sau de duminică. După o săptămână lungă, *fredagshygge* înseamnă, de obicei, că toți membrii familiei stau cuibăriți pe sofa, uitându-se împreună la televizor. *Søndagshygge* este o zi cu ritm lent, cu ceai, cărți, muzică, pături și poate chiar cu o plimbare, dacă lucrurile o iau razna.

> „*O tradiție de* fredagshygge, *în familia mea, erau bomboanele și un film Disney.*"

Hyggebukser [*hoogabucksr*]

O pereche de pantaloni pe care nu ai purta-o niciodată în public, dar atât de confortabilă, încât este, în secret, preferata ta.

> „*Avea, pur și simplu, nevoie de o zi doar pentru ea, așa că a rămas acasă, într-o pereche de* hyggebukser, *nemachiată, și s-a uitat toată ziua printre vechiturile adunate în cutii.*"

Hyggehjørnet [*hoogajornet*]

A avea chef de hygge. Înseamnă, literalmente, „colțul de hygge".

> „*Mă simt* hyggehjørnet."

Hyggekrog [*hoogacrow*]

Ungherul din bucătărie sau din camera de zi, unde poți să te așezi, pentru un moment *hyggelig*.

> „*Hai să stăm în* hyggekrog."

Hyggeonkel [*hoogaunkel*]

O persoană care se joacă cu copiii, fiind, poate, un pic prea îngăduitoare. Înseamnă, literalmente, „unchiul hygge".

> „*Este un* hyggeonkel *pe cinste!*"

Hyggesnak [*hoogasnak*]

Taifas sau conversație relaxată, care nu atinge subiecte controversate.

> „*Purtăm o* hyggesnakkede *de câteva ore.*"

Hyggestund [*hoogastun*]

Un moment hygge.

> „*Și-a turnat o ceașcă de cafea și s-a așezat la fereastră, pentru un* hyggestund.*"

Uhyggeligt [*uh-hoogalit*]

Dacă hygge și *hyggelig* sunt greu de tradus în engleză, nu la fel stau lucrurile cu antonimul lui hygge. *Uhyggeligt* (ne-hygge) înseamnă „înfiorător" sau „înspăimântător", ceea ce ne ajută să înțelegem cât de important este sentimentul de siguranță pentru hygge.

> „*Să mergi noaptea singur prin pădure este foarte* uhyggeligt, *dacă auzi un lup urlând.*"

Așa cum remarca prietena mea, când ne aflam în cabana din Suedia, seara aceea ar fi fost și mai hygge, dacă ar fi viscolit afară. Poate că hygge este și mai hygge dacă există un element controlat de pericol – de *uhygge*. O furtună, tunete și fulgere sau un film de groază.

DE UNDE PROVINE „HYGGE"?

„Hygge" a apărut pentru prima dată, în daneza scrisă, la începutul anilor 1800, însă cuvântul provine, de fapt, din norvegiană.

Între 1397 și 1814, Danemarca și Norvegia au fost un singur regat. Danezii și norvegienii își înțeleg reciproc limbile și în prezent.

Cuvântul originar, din norvegiană, înseamnă „stare de bine". Totuși, s-ar putea ca „hygge" să provină din cuvântul „hug". Acesta vine din cuvântul „hugge", menționat pe la 1560, care înseamnă „a îmbrățișa". Cuvântul *hugge* are origini necunoscute – poate că provine din norvegiana veche, prin *hygga*, însemnând „a alina, a consola, a mângâia", care vine din cuvântul *hugr*, cu înțelesul de „dispoziție, stare sufletească". La rândul lui, acest cuvânt provine din germanicul *hugjan*, care se înrudește cu *hycgan*, din engleza veche, cu sensul de „a cugeta, a lua în considerare". În mod interesant, cuvintele englezești *consideration* („considerație, respect"), *mood* („stare sufletească, dispoziție"), *comfort* („confort, tihnă, mângâiere"), *hug* („îmbrățișare") și *well-being* („stare de bine") este posibil să includă, toate, elemente din ceea ce înseamnă hygge azi.

PONT: VORBEȘTE DANEZĂ!

Începeți să folosiți cuvinte corelate cu hygge în diverse situații. Invitați-vă prietenii la o seară *hyggelig* și creați cât de multe cuvinte compuse puteți. Sau poate doriți să lipiți o declarație hygge pe frigider, ca să vă amintiți să creați un pic de hygge în fiecare zi.

O CONVERSAȚIE GLOBALĂ DESPRE HYGGE

Hygge pare să fie subiectul principal de discuție zilele acestea.

„Hygge: o lecție plină de cordialitate din Danemarca", așa scrie BBC.
„Faceți-vă comozi: de ce să adoptăm arta daneză definită prin hygge"
spune publicația *Telegraph*; iar Morley College, din Londra, îi învață acum
pe studenți „cum să hygge". Hygge Bakery, din Los Angeles, are în ofertă
romkugler [rum-cool-r] (bulgărași cu rom), niște dulciuri cu ciocolată
parfumată cu rom, preparate inițial de brutarii danezi, pentru a nu arunca
resturile de blat pentru prăjituri. În cartea *The Danish Way of Parenting*,
puteți găsi capitole întregi despre cum să crești în stil hygge cei mai
fericiți copii din lume.

MANIFEST HYGGE

1. ATMOSFERĂ

Slăbeşte intensitatea luminii!

2. PREZENŢĂ

Fii prezent! Închide telefonul!

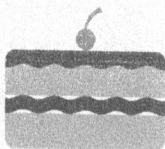

3. DELECTARE

*Cafea, ciocolată, fursecuri,
prăjituri, bomboane.
Vreau! Vreau! Vreau!*

4. EGALITATE

*„Noi", în loc de „eu". Împărţiţi
sarcinile şi uitaţi-vă împreună
la televizor.*

5. RECUNOŞTINŢĂ

Acceptă! Poate că mai bine
de-atât nu se poate.

6. ARMONIE

Nu e o competiţie. Ne place deja
de tine. Nu este nevoie să te
împăunezi cu realizările tale.

7. CONFORT

Relaxează-te! Ia o pauză.
Destinderea e importantă.

8. PAUZĂ

Fără drame! Hai să discutăm
politică altădată.

9. PRIETENI

Construiţi relaţii şi poveşti
comune: „Mai ţii minte când...?"

10. ADĂPOST

Acesta este tribul tău.
Acesta este un loc al păcii
şi al siguranţei.

CAPITOLUL TREI

ÎMPREUNĂ

CA O ÎMBRĂȚIȘARE FĂRĂ ATINGERE

Merg an de an cu prietenii mei la schi, în Alpi (ultima oară, cineva a adus chiar și lumânări). Tuturor ne plac viteza, emoția, alunecarea pe zăpadă și provocările de pe pârtie, însă, pentru mine, cel mai frumos moment al zilei este ora de după întoarcerea la cabană.

Te dor picioarele, corpul ți-e sleit de energie și obosit, găsești un scaun pe balcon, iar sunetul distinct scos de un Grand Marnier turnat în pahare îți spune că e gata cafeaua. Vin mai mulți pe balcon, toți au încă pe ei combinezoanele de schi, sunt prea obosiți ca să se schimbe, prea obosiți ca să vorbească, prea obosiți pentru orice, în afară de a se bucura, fiecare, de compania tăcută a celuilalt, de priveliște și de aerul de munte inhalat cu nesaț.

Când țin conferințe despre studiul fericirii, le cer celor prezenți să închidă ochii și le propun să-și aducă aminte când s-au simțit cu adevărat fericiți ultima oară. Uneori, oamenii sunt puțin stânjeniți, dar îi asigur că nu le voi cere să-și împărtășească amintirile cu restul clasei. Aproape că poți repera cu precizie momentul când oamenii au în minte amintirea fericirii, căci încăperea devine, deodată, luminată de zâmbete calme. Când le cer oamenilor să ridice mâna dacă au mai fost cu cineva în acele momente, nouă din zece o ridică, de obicei.

Bineînțeles că aceasta nu este o metodă științifică, prin urmare, nu dovedește nimic, dar le permite oamenilor să lege o amintire și o emoție de statisticile seci cu care îi bombardez eu mai apoi. Motivul pentru care îmi doresc să-și amintească un astfel de moment este că, în toată activitatea mea profesională, nu sunt de nimic mai sigur decât de aceasta: cel mai bun indicator al prezenței sau al absenței fericirii sunt relațiile sociale. Este tiparul cel mai limpede și mai frecvent pe care îl observ când analizez de ce unii oameni sunt mai fericiți decât alții.

Întrebarea următoare este cum ne-am putea modela societatea și viața, ca să avem relații sociale prospere. Un răspuns este, desigur, să ne concentrăm pe un echilibru sănătos între muncă și viață personală. Și mulți privesc cu invidie înspre Danemarca atunci când vine vorba de asta. „Nu ne-a surprins să citim, săptămâna trecută, că danezii sunt în top în primul clasament mondial despre fericire, întocmit de ONU", scria Cathy Strongman, în *The Guardian*. Ea se mutase în urmă cu trei ani din Finsburry Park, din Londra, în Copenhaga, cu soțul și fiica lor.

Calitatea vieții noastre a crescut brusc până la cer, iar atașamentul nostru față de Londra, cândva de neclintit, a fost înlocuit de un entuziasm aproape jenant pentru orice este „Dansk". Cea mai mare schimbare a vizat echilibrul dintre muncă și viață personală. Înainte, abia dacă reușeam să luăm cina împreună, dat fiind că Duncan pleca de la serviciu pe la ora nouă seara. Acum pleacă de la birou la ora cinci. Dacă muncești mai mult de 17:30, biroul devine o morgă. Dacă muncești în weekend, danezii te consideră nebun. Ideea este ca familiile să aibă timp să se joace și să mănânce împreună la sfârșitul zilei, în fiecare zi. Și pe bună dreptate! Aproape în fiecare seară, Duncan îi face băiță fiicei noastre de 14 luni, Liv, și apoi o duce la culcare. Sunt cei mai buni prieteni, de unde înainte erau ca niște străini, încercând să recupereze timpul pierdut la sfârșit de săptămână.

Cathy Strongman, The Guardian

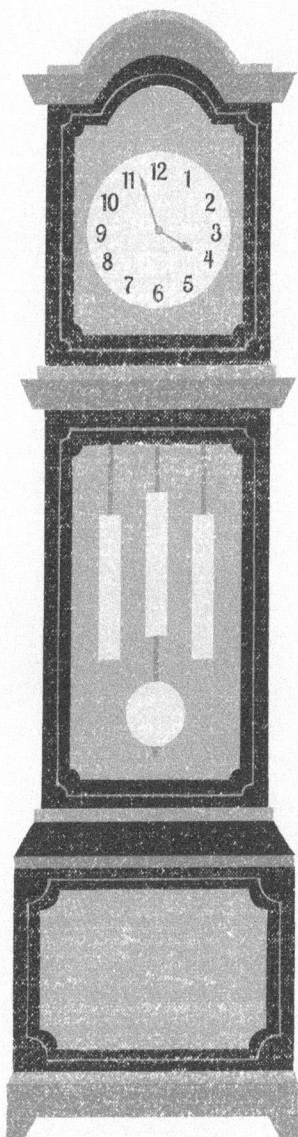

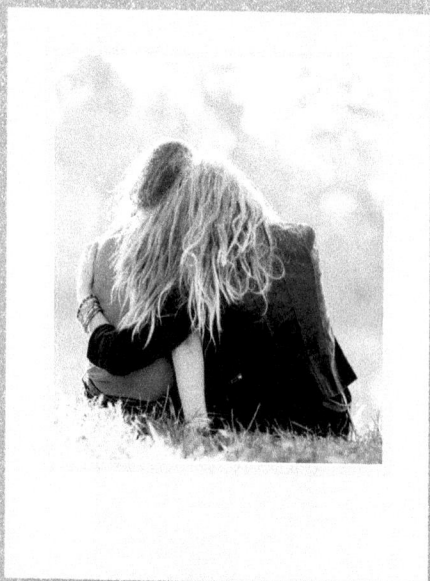

Unii au descris locul de muncă al danezului tipic ca pe unul ce s-ar înscrie în genericul de început al desenelor animate *Familia Flintstone*: aventuri în Epoca de Piatră! Cum a bătut de ora cinci, toată lumea a și tulit-o, înainte să apuci să spui: „Yabba dabba doo!" Oamenii cu copii pleacă, de obicei, la ora patru; cei fără, la cinci. Toată lumea lasă însă biroul, se duce acasă și pregătește cina. Ca manager, evit să-mi programez întâlniri care să se încheie după ora patru, dacă am părinți în echipă, astfel încât aceștia să-și poată lua copiii de la școală la ora obișnuită.

În medie, 60% dintre europeni socializează cu prietenii, familia sau colegii cel puțin o dată pe săptămână. Procentul în Danemarca este de 78%. Deși poți avea parte de hygge și de unul singur, hygge se întâmplă, de cele mai multe ori, în grupuri mici de prieteni apropiați sau în familie.

Hygge presupune, de asemenea, o situație în care există multă chibzuință și relaxare. Nimeni nu este în centrul atenției și nu domină conversația pe perioade lungi de timp. Egalitatea este un element important pentru hygge – o trăsătură cu rădăcini adânci în cultura daneză –, manifestându-se și prin faptul că toată lumea participă la pregătirea practică a unei seri *hyggelig*. Este mult mai *hyggeligt* dacă ajutăm cu toții la prepararea mâncării, în loc s-o lăsăm pe gazdă singură, în bucătărie.

Timpul petrecut cu alții creează o atmosferă caldă, relaxantă, prietenoasă, realistă, apropiată, agreabilă și primitoare. Seamănă, din multe puncte de vedere, cu o îmbrățișare plăcută – dar fără contact fizic. Doar în acest cadru te simți complet relaxat și natural. Arta hygge este, prin urmare, și arta extinderii propriei zone de confort, astfel încât ea să-i includă și pe alții.

CE ARE DRAGOSTEA CU ASTA? OXITOCINA

Cineva îți pune o mână pe umăr, îți dă un sărut sau te mângâie pe obraz și te simți, instantaneu, calm și fericit. Așa funcționează corpul nostru: este un lucru minunat! Atingerea determină eliberarea neurohormonului oxitocină, care ne face fericiți și reduce stresul, teama și durerea.

Dar când trăim plăcerea de a simți oxitocina inundându-ne corpul? O vorbă celebră spune că îmbrățișările ne fac mai fericiți, și așa este – fluxul oxitocinei se declanșează în situații intime și ne ajută să stabilim o legătură între noi. Prin urmare, oxitocina se mai numește și „hormonul îmbrățișării" sau „hormonul iubirii". Hygge este o activitate intimă, legată adesea de confort și de compania cuiva, ceea ce ne duce la concluzia că, în timpul evenimentelor de acest fel, se eliberează oxitocină în corpul nostru. Mângâierea animalelor de companie are același efect precum mângâierea unei alte persoane – ne simțim iubiți, confortabil și în siguranță, acestea fiind cuvintele-cheie în raport cu hygge. Oxitocina este eliberată atunci când suntem fizic aproape de corpul unei alte persoane și putem spune despre ea că este un „liant social", pentru că menține societatea laolaltă prin cooperare, încredere și iubire. Poate că acesta este și motivul pentru care danezii au atât de multă încredere în persoane complet străine; trăiesc în medii hygge, iar activitățile *hyggelig* eliberează oxitocină, care diminuează ostilitatea și întărește legătura socială. Căldura și sentimentul de împlinire eliberează, de asemenea, acest neurohormon. Mâncarea bună, lumânările, șemineele și păturile sunt tovarăși nelipsiți ai conceptului hygge – într-un fel, hygge înseamnă numai oxitocină. Ce poate fi mai simplu? Poate că nu este o coincidență faptul că tot ce are legătură cu hygge ne face să ne simțim fericiți, calmi și în siguranță.

FERICIȚI ÎMPREUNĂ

A sta alături de alți oameni este un element-cheie în hygge, însă, în calitate de cercetător al fericirii, pot, de asemenea, afirma că acesta poate fi cel mai important ingredient al fericirii. Foarte mulți cercetători și oameni de știință sunt de acord că relațiile sociale sunt esențiale pentru fericirea oamenilor.

Conform raportului ONU despre fericire, realizat în urma unui studiu la nivel mondial, „deși standardele de bază ale vieții sunt esențiale pentru fericire, după ce a fost asigurată baza, fericirea variază mai mult din punctul de vedere al calității relațiilor interumane, decât din cel al venitului".

Importanța relațiilor noastre a dus chiar și la tentative de evaluare a acestora în termeni monetari. „Lipirea unei etichete de preț prietenilor, rudelor și vecinilor: folosirea sondajelor despre satisfacția vieții pentru evaluarea relațiilor sociale", un studiu realizat în Marea Britanie în 2008, a estimat că amplificarea implicării sociale poate spori satisfacția vieții în aceeași măsură în care ar face-o un câștig suplimentar de 85 000 £ pe an.

Eu văd frecvent această legătură dintre relațiile noastre și fericire în date și sondaje globale și daneze. Un exemplu este un studiu la nivel urban, pe care l-am realizat în urmă cu câțiva ani la Institutul pentru Cercetarea Fericirii, în orașul Dragøt, în imediata apropiere a capitalei Copenhaga.

Am colaborat cu consiliul orășenesc la măsurarea fericirii și a satisfacției vieții în rândul cetățenilor și am elaborat împreună recomandări despre cum poate fi ameliorată calitatea vieții la oraș. Ca parte a studiului nostru, am observat cât de fericiți erau oamenii cu relațiile lor sociale – în plus, desigur, față de cât de fericiți erau, în general. Aici găsim, ca-ntotdeauna, o corelație foarte puternică. Cu cât oamenii sunt mai fericiți cu relațiile lor sociale, cu atât sunt mai fericiți în general. Așa cum am menționat deja, relațiile constituie, de obicei, cel mai bun indicator al fericirii sau al absenței acesteia. Dacă nu-i pot întreba direct pe oameni cât sunt de fericiți, îi întreb cât de mulțumiți sunt de relațiile lor sociale, pentru că așa primesc oricum răspunsul.

O satisfacție generală în privința relațiilor noastre este un lucru; bucuria zilnică dată de o companie plăcută este, însă, altceva. Iar aici, metoda reconstrucției zilei, aparținând psihologului Daniel Kahneman, laureat Nobel, poate face lumină în ceea ce privește efectul stării hygge. Metoda îi îndeamnă pe oameni ca, pe parcursul unei zile obișnuite, să aprecieze

Cât de fericiți sunteți în general?

(pe o scară de la zero la zece, zece însemnând „cel mai fericit")

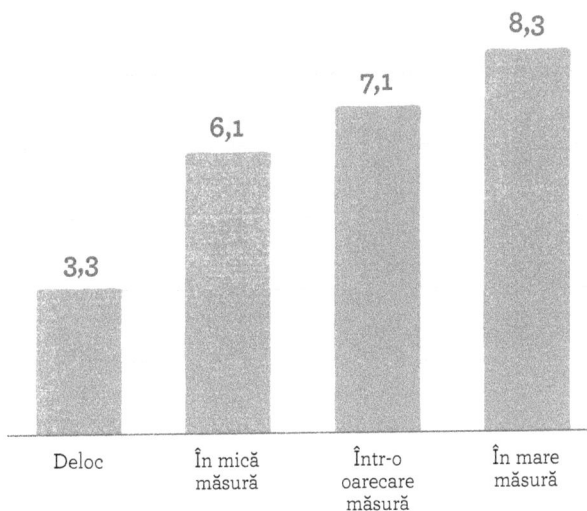

	Deloc	În mică măsură	Într-o oarecare măsură	În mare măsură
	3,3	6,1	7,1	8,3

Cât de satisfăcuți sunteți de relațiile voastre?

cât de mulțumiți, de enervați sau de deprimați au fost pe durata diverselor activități desfășurate.

În cadrul unui studiu devenit clasic, efectuat în 2004, un grup de oameni de știință de la Princeton, condus de Kahneman, a recrutat, pentru un experiment, 909 femei din Texas. Ele trebuiau să detalieze într-un jurnal tot ce făcuseră în ziua precedentă, pe o scară de șapte puncte – ce au făcut și la ce oră, cu cine au fost și cum s-au simțit în timpul fiecărei activități? Poate deloc surprinzător, grupul de cercetători a constatat că naveta la serviciu, treburile casnice și confruntările cu șefii s-au numărat printre cel mai puțin plăcute activități, în vreme ce sexul, socializarea, mâncatul și relaxarea au fost cele mai plăcute. Desigur, socializarea, mâncatul și relaxarea sunt, de asemenea, ingrediente principale pentru hygge.

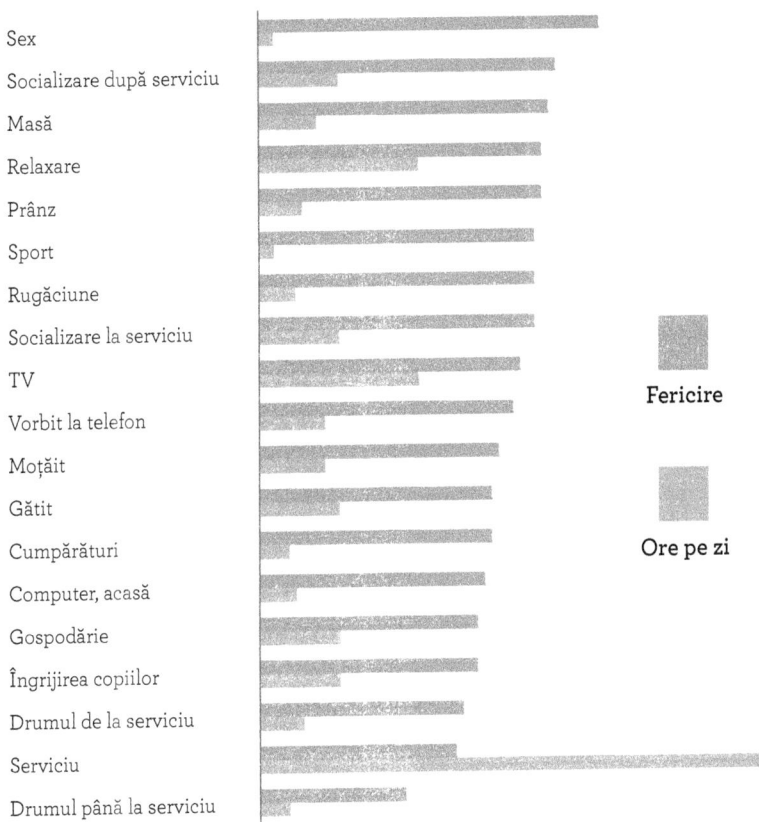

| | Fericire |
| | Ore pe zi |

Sex
Socializare după serviciu
Masă
Relaxare
Prânz
Sport
Rugăciune
Socializare la serviciu
TV
Vorbit la telefon
Moțăit
Gătit
Cumpărături
Computer, acasă
Gospodărie
Îngrijirea copiilor
Drumul de la serviciu
Serviciu
Drumul până la serviciu

Sursa: Kahneman et al., „A Survey Method for Characterizing Daily Life Experience: The Day Reconstruction Method", 2004

Conform „ipotezei nevoii emoționale de apartenență la un grup", simțim o nevoie fundamentală de a forma o legătură cu alții, iar legăturile apropiate, atente, cu alți oameni joacă un rol major pentru motivarea și comportamentul nostru. Printre dovezile privind ipoteza apartenenței se numără faptul că oamenii se nasc cu abilitatea și motivarea de a forma relații apropiate, că oamenii sunt reticenți la ruperea legăturilor, odată formate, și că persoanele căsătorite sau care locuiesc împreună trăiesc mai mult decât cele singure (deși acest din urmă aspect se datorează, parțial, sistemului imunitar îmbunătățit).

61

„Relațiile ne afectează fericirea – ei bine, Dumnezeule, mulțumesc, studiu asupra fericirii!" Da, ca om de știință, poate fi destul de frustrant să îți petreci ani de zile analizând de ce unii oameni sunt mai fericiți decât alții, pentru ca apoi să găsești un răspuns pe care, oricum, îl știam cu toții. Cu toate acestea, acum avem cifrele, datele și dovezile care să susțină noțiunea, putând – și trebuind – să ne folosim de ele când ne modelăm politicile, societățile și viețile.

Suntem ființe sociale, iar importanța acestui lucru se vede clar când comparăm satisfacția pe care o resimt oamenii în corelație cu relațiile sociale și satisfacția vieții în general. Cele mai importante relații sociale sunt cele apropiate, în care faci lucruri alături de ceilalți, conștientizând acest fapt; sunt relațiile în care îi împărtășești celuilalt gânduri și sentimente, asigurând și primind susținere. Într-un cuvânt: hygge.

Poate că acesta este motivul pentru care danezii preferă cercurile mai mici de prieteni când caută să aibă parte de hygge. Desigur că puteți avea un moment *hyggelig* și dacă sunt prezenți mai mulți oameni, dar danezii aleg mai degrabă un grup mai mic de persoane pentru un astfel de moment. Aproape 60% dintre danezi spun că numărul ideal de persoane pentru hygge este de patru.

De câți este nevoie pentru hygge?

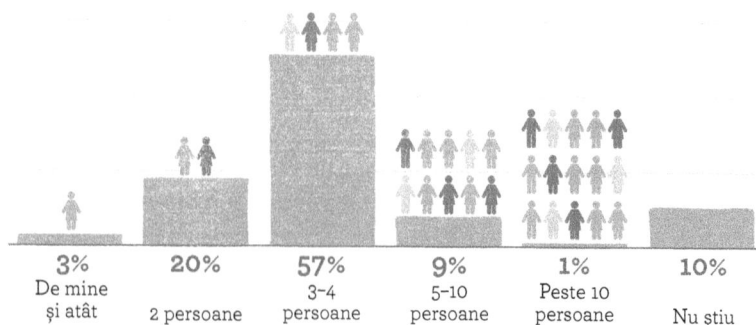

3%	20%	57%	9%	1%	10%
De mine și atât	2 persoane	3–4 persoane	5–10 persoane	Peste 10 persoane	Nu știu

PARTEA ÎNTUNECATĂ
A HYGGE

A-ți petrece un timp cu prietenii apropiați, într-o rețea socială foarte strânsă, în care vă știți cu toții de multă vreme și vă cunoașteți foarte bine, are, fără îndoială, avantaje.

În ultimii ani, am ajuns la concluzia că un peisaj social ca acesta are, totuși, un mare dezavantaj: nou-veniții nu sunt acceptați cu bucurie. Toate persoanele cunoscute abia mutate în Danemarca îmi spun asta. Este aproape imposibil să pătrunzi în cercurile sociale de acolo. Sau, cel puțin, este nevoie de ani și ani la rând, de muncă grea și de stăruință.

Indiscutabil, danezii nu se pricep să invite persoane noi în cercurile lor de prieteni. De vină este, parțial, conceptul de hygge; e considerat mai puțin *hyggelig* să fie prea multe persoane noi la un eveniment. Astfel, a pătrunde într-un cerc social necesită un efort mare și să suporți multă singurătate până atunci. Partea bună este, așa cum spunea prietenul meu, Jon, că „odată intrat, acolo rămâi". Odată ce ai pătruns în cerc, poți fi convins că te-ai ales cu prieteni pe viață.

HYGGE – SOCIALIZARE PENTRU INTROVERTIȚI

Când strângeam materiale pentru această carte, am ținut o prelegere în fața unui grup de studenți americani, veniți pentru un trimestru la Copenhaga. Folosesc adesea prelegerile ca ocazii de alimentare cu informații și inspirație pentru ceea ce am de cercetat la un moment dat, și așa au stat lucrurile și acum, prin urmare am dus discuția către relația dintre starea de bine și hygge.

O studentă, care nu scosese un cuvânt în timpul discuțiilor anterioare, a ridicat mâna. „Eu sunt introvertită", a spus, „iar pentru mine hygge este un lucru tare minunat!" Ceea ce dorea să spună era că, în SUA, era obișnuită să participe la activități sociale cu lume multă, relaționare intensă și rapidă și entuziasm mare și de scurtă durată. Pe scurt, se afla în împărăția extrovertiților. În Danemarca, a descoperit că modul în care sunt organizate activitățile sociale i se potrivea mult mai bine – iar hygge este cel mai bun lucru care i se putea întâmpla unui om introvert. Un fel de a fi sociabil care nu te stoarce de energie. Acesta mi s-a părut a fi, poate, cel mai perspicace lucru auzit în ultima vreme și i-am promis că-i voi fura ideea și-o voi pune în carte.

Este știut că introvertiții își iau energia din interior, în vreme ce extrovertiții, din impulsuri exterioare. Introvertiții sunt, adesea, percepuți ca singuratici, în timp ce extrovertiții sunt cei de care te înconjori, dacă vrei să te distrezi. Introversiunea este, adesea, greșit asociată cu timiditatea și, deși evenimentele sociale nu sunt pentru oricine și pot stimula excesiv și epuiza un introvert, există și introvertiți sociabili (așa cum există și extrovertiți calmi).

Poate sună a clișeu, dar introvertiții preferă, de regulă, să-și dedice „timpul social" celor dragi, pe care îi cunosc foarte bine, purtând conversații cu greutate sau stând liniștiți și citind, cu o băutură fierbinte alături. Întâmplarea face ca toate aceste activități să aibă un factor hygge foarte mare – grozav, nu? Introvertiții sunt sociabili, dar altfel. Nu există un fel unic prin care suntem sociabili, dar poate părea că există modalități corecte și greșite. Doar pentru că pe introvertiți îi obosește excesul de stimuli externi nu înseamnă că nu vor să iasă cu prietenii. Hygge este o modalitate de socializare adecvată introvertiților: ei pot petrece o seară relaxată și agreabilă în compania câtorva prieteni, fără un grup mare de persoane și fără activități. Un introvertit s-ar putea să vrea să stea acasă, în loc să meargă la o petrecere de proporții, cu multă lume pe care n-o cunoaște, iar hygge e o alternativă, ceva între socializare și relaxare. El face aceste două lumi să meargă bine împreună, o veste bună atât pentru introvertiți, cât și pentru extrovertiți, pentru că este un fel de compromis. Așadar, pentru toți introvertiții din lume – nu vă simțiți stânjeniți sau plicticoși pentru că preferați lucruri hygge. Și pentru toți extrovertiții: aprindeți niște lumânări, puneți niște muzică lentă și îmbrățișați introvertitul adormit din voi, măcar pentru o seară!

PONT: CUM SĂ CREEZI AMINTIRI

Se știe că, în privința amintirilor, cea mai frumoasă parte este atunci când le creezi. Puneți bazele unui obicei nou cu prietenii sau cu familia. Poate fi vorba de jocuri de societate în prima vineri din fiecare lună, cu ocazia solstițiului de vară, pe malul mării, sau de orice altceva care să reunească grupul din care faceți parte în jurul unei activități tematice, care va închega și mai mult relațiile dintre membri, peste ani.

MÂNCARE ȘI BĂUTURĂ

EȘTI CEEA CE MĂNÂNCI

Dacă hygge ar fi o persoană, cred că ar fi Hugh Fearnley-Whittingstall, de la emisiunea River Cottage. *Cu o abordare relaxată, rustică și molcomă a vieții, el întruchipează multe dintre elementele-cheie ale conceptului hygge – în plus, pare să înțeleagă valoarea unei mâncări gustoase, consistente, savurate în compania unor oameni de treabă.*

Noua bucătărie nordică a captat mult atenția în ultimii ani. În centrul atenției s-a situat NOMA, un restaurant inaugurat în 2003 și declarat de patru ori cel mai bun din lume, din 2010 încoace. Chiar dacă un preparat precum crevete crud în crustă de furnici este spectaculos, el este relativ departe de bucătăria daneză obișnuită. Un prânz tradițional danez include o versiune rezonabilă ca preț a unui *smørrebrød* (tartină) din pâine de secară cu hering marinat sau de *leverpostej* (pate de ficat – un amestec tartinabil de ficat de porc gătit, tocat și amestecat cu untură). Pariez că furnicile de care ziceam încep să vi se pară apetisante. La cină, *50 de umbre ale... cărnii cu cartofi* ar fi un titlu perfect pentru o carte de bucate tradiționale daneze. Danezii sunt mari amatori de carne, fiecare persoană consumând, în medie, în jur de patruzeci și opt de kilograme de carne anual – carnea de porc fiind preferata națiunii.

Consumul ridicat de carne, dulciuri și cafea din Danemarca este direct legat de hygge. Hygge înseamnă, într-un fel, a fi tu însuți: să-ți oferi câte o delicatesă și să-ți oferi – ție, dar și celorlalți – o pauză de la rigorile unei vieți sănătoase. Bomboanele sunt *hyggelig*. Prăjiturile sunt *hyggelig*. Cafeaua sau ciocolata fierbinte sunt, și ele, *hyggelig*. Morcobețele, nu prea. Preparatele păcătoase se înscriu în ritualul hygge. Dar nu trebuie să fie excentrice sau extravagante. Mai ales dacă mâncăm cu toții din același castron.

SĂ PĂCĂTUIM ÎMPREUNĂ!

În urmă cu vreo doi ani, i-am făcut o vizită unui prieten. Fiica lui avea, pe atunci, patru ani, iar la cină s-a uitat la mine și m-a întrebat: „Ce meserie ai?"

„Caut să aflu ce-i face pe oameni fericiți", i-am răspuns eu.

„E simplu", a spus ea, ridicând din umeri. „Dulciurile!" Când vine vorba de fericire, nu sunt sigur că răspunsul este așa de simplu, dar ea s-ar putea să fi avut o idee interesantă, dacă ne gândim la hygge.

Danezii sunt înnebuniți după dulciuri, majoritatea oamenilor asociindu-le cu hygge: ursuleți gumați, bomboane din lemn-dulce și *flødeboller*, adică bulgări de cremă aerată înveliți în ciocolată... De fapt, conform unui raport făcut de Sugar Confectionery Europe, consumul anual de dulciuri, în Danemarca, este de 8,2 kilograme de persoană, ceea ce-i plasează pe danezi pe locul doi, după finlandezi, ca popor ce consumă mai multe dulciuri decât oricine în lume, de două ori media europeană. În plus, se așteaptă ca, până în 2018, danezii să îngurgiteze 8,5 kilograme de cofeturi, depășindu-i, astfel, pe finlandezi, considerați cei mai disperați după dulciuri. În plus, danezii nu sunt înnebuniți doar după bomboane. Cine vrea o prăjiturică?

Consumul de dulciuri

4,1 kg
Media europeană

8,2 kg
Media daneză

PRĂJITURI

Prăjitura este, fără doar și poate, hyggelig, noi, danezii,
consumând foarte multe. Prăjiturile sunt ceva obișnuit în
birourile noastre. Jon este unul dintre partenerii mei de pocher,
cel cu care mă mai întâlnesc la o bere, în barul lui preferat din
Copenhaga, Lord Nelson, pentru a discuta despre hygge și
obsesia danezilor pentru prăjituri.

„Facem ture pe lângă sălile de conferințe, pentru a vedea dacă au mai rămas prăjituri. Noi o numim vânătoare de prăjituri", mi-a spus el. „Și asta doar la întâlnirile interne. Dacă vin clienți din afară, li se vor servi și pateuri." Jon are dreptate. Prăjiturile și produsele de patiserie fac totul *hyggeligt*, aici fiind vorba de consumul, dar și de coptul lor. În plus, ele dau o notă de familiaritate oricărei întâlniri de afaceri.

Totuși, cele mai multe prăjituri sunt consumate în afara birourilor, acasă sau în cofetării. Una dintre cele mai populare și tradiționale este La Glace, cea mai veche cofetărie daneză, fondată în 1870. Gama lor de prăjituri, printre care și unele denumite după danezi faimoși, precum Hans Christian Andersen și Karen Blixen, arată de vis. Poate cea mai faimoasă prăjitură este „Sport cake", alcătuită, în esență, dintr-un ocean de frișcă, nefiind deci tocmai micul dejun ideal pentru un campion. Numele este legat de faptul că prăjitura a fost produsă pentru prima oară în 1891, cu ocazia premierei unei piese de teatru numite *Sports Man*. Vechile idealuri, interiorul, prăjiturile și foietajele, cât și frumoasele încăperi în care poți lua loc pentru a savura o capodoperă dulce sunt întruchiparea conceptului hygge.

KAGEMAND

Se spune că supereroii preferați spun multe despre tine.
Americanii îi au pe Superman, pe Spiderman și pe Batman.
Danezii... ei bine... danezii îl au pe Omul-Prăjitură.

De acord, nu este un supererou în deplinătatea cuvântului, dar este popular precum omologii lui americani la aniversări. Omul-Prăjitură (*Kagemand* [Caiman]) este nelipsit la aniversările daneze pentru copii. Arată precum un om uriaș de turtă dulce, este făcut din aluat dulce, cu mult zahăr și unt, și este decorat cu bombonele, stegulețe daneze și lumânări. Dacă am putea adăuga și bacon în preparat, am aduna la un loc toate lucrurile esențiale daneze. Parte din tradiție este momentul când aniversatul sau aniversata trebuie să-i taie beregata Omului-Prăjitură, în timp ce toți ceilalți copii țipă. „La mulți ani, scumpo! Acum taie-i beregata Omului-Prăjitură!" Cât de *hyggelig* vi se pare asta, pentru o aniversare nordic-noir?

PATISERIE

Un produs de patiserie tipic danez este... ei bine... Daneza.
Nu orice națiune are o prăjitură denumită după ea însăși,
constând dintr-un blat pe bază de unt și o cremă onctuoasă
la mijloc.

De obicei, o astfel de națiune este una care a pierdut fiecare război în care
a fost implicată, secole de-a rândul. Cu toate acestea, în Danemarca, pro-
dusele de patiserie daneze se numesc *wienerbrød* (pâine vieneză), pentru
că rețetele daneze de patiserie au fost, inițial, create la mijlocul secolului
al XIX-lea, de maeștri cofetari și patiseri școliți la Viena. Unele produse
de patiserie au denumiri fermecătoare, cum ar fi „melci" sau „deochiul
brutarului", dar, lăsând deoparte denumirile, preparatele sunt delicioase
și bune pentru hygge. De asemenea, dacă vrei să aduci bucurie și veselie
într-un birou danez, ajunge să strigi: *„Bon-kringle!" Kringle* este un produs
de patiserie danez clasic, iar *bon* înseamnă „bon fiscal". Conceptul de la
baza lui *bon-kringle* este acela că, atunci când cumperi prăjituri și produse
de patiserie în valoare de 1 000 de coroane (aproximativ 130 de euro) de
la patiseria locală, dacă prezinți bonurile fiscale, patiserul îți dă un *kringle*
gratuit. Este precum un card de fidelitate pentru produsele de patiserie –
dar fără cardul în sine.

ALUAT DE CASĂ

Să te murdărești pe mâini frământând aluaturi acasă reprezintă o activitate hyggelig *pe care o poți desfășura singur ori împreună cu prietenii și familia. Puține lucruri contribuie mai mult la hygge ca mirosul unor copturi proaspăt scoase din cuptor.*

Rezultatul nu trebuie să semene cu ceva demn de un film Disney – cu cât mai rustic, cu atât mai hygge! Aluatul cu maia este, de ceva vreme, preferatul danezilor. Lentoarea procesului și sentimentul că ai grijă de „ceva viu" îl face cu atât mai *hyggeligt*. Unii danezi discută despre aluatul lor ca despre un bebeluș, pe care îl hrănesc și de care au grijă. Aluatul cu maia este, pe scurt, un fel de Tamagotchi comestibil.

BĂUTURI FIERBINȚI

Echipa mea de cercetători a realizat un sondaj în rândul danezilor, pentru a afla cu ce asociază oamenii hygge. Eu am pariat pe lumânări – dar am greșit. Lumânările au ieșit pe locul doi, în timp ce băuturile fierbinți au ocupat prima poziție.

86% dintre danezi asociază băuturile fierbinți cu hygge. Poate fi vorba de ceai, ciocolată fierbinte sau de vin fiert, dar băutura fierbinte preferată a danezilor este cafeaua.

Dacă vă plac serialele daneze de televiziune, precum *Borgen* sau *Crima*, sunteți deja familiarizați cu dragostea danezilor pentru cafea. Aproape că nu există scenă în care să nu fie măcar un personaj care să comande sau să facă o cafea ori în care o persoană să nu se uite la alta, întrebând-o: „Cafea?" Danezii sunt pe locul patru în lume în clasamentul celor mai mari băutori de cafea, consumând cu circa 33% mai multă cafea pe cap de locuitor decât americanii.

Legătura dintre cafea și hygge este evidentă în limba daneză, *Kaffehygge*, un alt cuvânt compus, din „cafea" și „hygge", fiind prezent peste tot. „Hai la *kaffehygge*!", *kaffehygge* și prăjitură, gimnastică și *kyffehygge*, povești și *kaffehygge*. *Kaffehygge* e peste tot. Există chiar și un website dedicat acestui *kaffehygge*, care declară: „Trăiește-ți viața azi ca și cum nu ar mai exista cafea mâine!"

Așadar, deși poți avea parte de hygge și fără cafea, un pic de cafea este, cu siguranță, de ajutor. Există ceva plăcut și reconfortant în a ține în palme o ceașcă de cafea caldă. Este, în mod clar, în spiritul hygge.

DEPENDENT DE HYGGE?

Fericirea nu poate fi cumpărată, dar poți cumpăra prăjituri, și este aproape același lucru – cel puțin, așa crede creierul nostru. Imaginați-vă că deschideți ușa unei cafenele. Aromele tentante ale dulciurilor de pe tejghea vă învăluie de îndată ce treceți pragul și, când vedeți toate acele produse de patiserie și de cofetărie, vă cuprinde fericirea. Alegeți prăjitura preferată și, când luați prima gură din ea, o senzație de euforie vă învăluie trupul. Oh, da, ce bine e! Dar v-ați gândit vreodată de ce vă simțiți așa de fericiți când consumați alimente dulci?

Ce asociază danezii cu hygge?

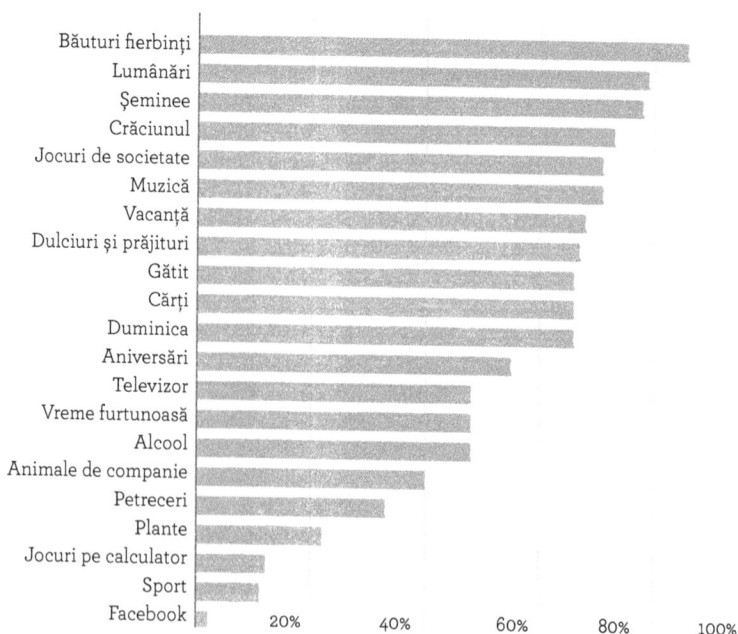

Băuturi fierbinți					
Lumânări					
Șeminee					
Crăciunul					
Jocuri de societate					
Muzică					
Vacanță					
Dulciuri și prăjituri					
Gătit					
Cărți					
Duminica					
Aniversări					
Televizor					
Vreme furtunoasă					
Alcool					
Animale de companie					
Petreceri					
Plante					
Jocuri pe calculator					
Sport					
Facebook	20%	40%	60%	80%	100%

În prozencefalul bazal există o zonă numită nucleus accumbens. Este o parte din sistemul de recompensare al creierului și are un rol semnificativ când vine vorba de motivare, plăcere și întărire a comportamentelor. Asemenea tuturor celorlalte vertebrate, noi avem acest sistem deoarece este important să simțim plăcere în timpul unor activități ca mâncatul și raporturile sexuale, acestea fiind vitale pentru supraviețuirea speciei.

Când facem un lucru care ne aduce satisfacție, în creier se eliberează o substanță chimică și e activată substanța de semnal numită dopamină. În apropiere de nucleus accumbens există o zonă ventrală tegmentală, de unde este eliberată dopamina în caz de recompensă. Simțim plăcere în momentul în care dopamina este transmisă din fibrele nervoase către receptorii din diferite părți ale creierului. Amintirea unui eveniment plăcut e stocată în cortexul cerebral, ca să n-o uităm. Poate sună ciudat, însă am putea oarecum spune că creierul ne dă dependențe în vederea supraviețuirii speciei.

La naștere, primul lucru pe care îl gustăm este laptele dulce de la sânul mamei. Faptul că ne plac alimentele dulci este benefic pentru supraviețuirea noastră, acesta fiind motivul pentru care simțim bucurie când mâncăm prăjituri sau alte chestii dulci și pentru care ne este greu să ne oprim. Corpul ne-a învățat să continuăm să facem lucruri considerate recompensate. Același lucru e valabil și pentru grăsimi și sare.

Pe scurt, asociem un tip de aliment cu senzația de plăcere, care ne face să mai dorim acel aliment. Hygge este ceva ce ar trebui să fie bun și care să ne dea senzația de bine, aceasta însemnând că, dacă vrei să mănânci o prăjitură, mănâncă o prăjitură! În același timp, însă, trebuie să știm când să ne oprim. Nu este foarte *hyggeligt* să te doară burta.

VERIŞORUL DOLOFAN
AL GĂTITULUI LENT

Aşadar, cofeturile, prăjiturile şi produsele de patiserie sunt hyggelige. Dar mâncarea hygge înseamnă mai mult decât hrănirea efectivă a corpului. Hygge poate însemna şi mâncare pentru suflet. Dincolo de toate, însă, preparatele hygge sunt, în foarte mare măsură, gătite lent.

Cât de *hyggelig* este o mâncare depinde şi de modul de preparare. Regula simplă este: cu cât prepararea mâncării durează mai mult, cu atât aceasta este mai *hyggelig*.

Hygge în bucătărie înseamnă să te bucuri de procesul lent al preparării şi să apreciezi timpul pe care i-l dedici. Înseamnă plăcerea de a prepara ceva de valoare. Înseamnă relaţia ta cu mâncarea. De aceea, gemurile de casă sunt mai *hyggelige* decât cele cumpărate. Fiecare gură pe care o vei lua din ele te va transporta înapoi în ziua de vară în care ai cules fructele şi când toată casa mirosea a căpşuni.

Cu deosebire iarna, cea mai frumoasă parte din weekend, pentru mine, este atunci când gătesc ore întregi, ori la cuptor, ori prin fiert molcom, pe plită. Procesul poate implica şi mersul la piaţă, unde aleg cu grijă legumele de sezon sau discut cu măcelarul despre ce carne ar recomanda el pentru o tocăniţă înăbuşită. O oală care fierbe molcom pe foc, în timp ce tu citeşti o carte într-un *hyggekrog* nu doar că sună hygge, dar este însăşi esenţa conceptului în sine. Singurul motiv pentru care te ridici de la locul tău este ca să mai pui puţin vin roşu în tocăniţă.

Ţin să subliniez că procesul nu se referă neapărat la un preparat nordic cu carne. Este vorba despre proces, nu despre produs. Vara trecută, am încercat să fac limoncello. O parte a procesului presupune să laşi coaja de lămâie să se macereze în alcool în jur de o săptămână, pentru ca alcoolul să absoarbă aroma şi culoarea cojii. În fiecare zi, când ajungeam acasă,

după muncă, deschideam frigiderul și inspiram adânc aroma ameste-
cului, pentru a vedea cum evoluează. Rezultatul final a fost așa și-așa, dar
plăcerea cu care am urmărit evoluția preparatului pus în sticla din frigider
a fost hygge de la cap la coadă.

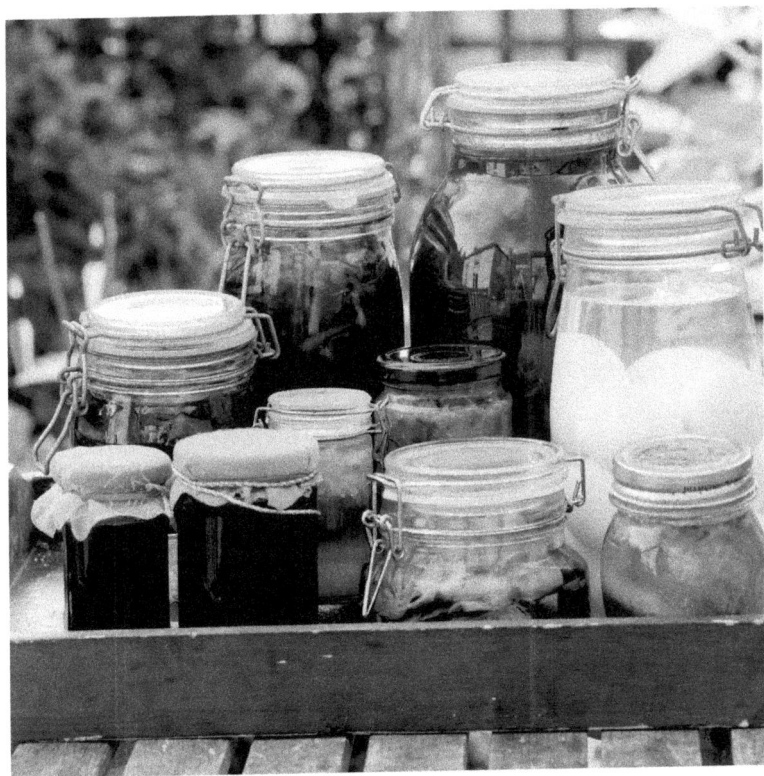

REȚETE

Iată câteva rețete care îți vor induce,
în mod cert, o stare hygge.

SKIBBERLABSKOVS

(SKIP-ER-LAP-SCOWS)

TOCĂNIȚA MARINARULUI

Aceasta este o tocăniță consistentă, simplă, preparată cândva la bordul vaselor de pescuit (de unde și numele), și este grozavă într-o zi aspră de toamnă. În loc de piept de vită, se poate folosi carne rămasă de la alte mâncăruri, ceea ce face această mâncare și mai practică, și mai *hyggelig*.

Pentru 4–6 porții. Timp de gătire: 1 oră și 15 minute.

750 g piept de vită

3 cepe

100 g unt

3-4 frunze de dafin

10–12 boabe de piper negru

1 litru supă de pasăre

1½ kg cartofi

sare și piper

sfeclă murată

pâine de secară

1. Se taie carnea în bucățele.

2. Se curăță și se toacă ceapa.

3. Se topește untul într-o cratiță mare cu fundul gros și se sotează ceapa până devine sticloasă (nu trebuie să se rumenească).

4. Se adaugă carnea, frunzele de dafin și boabele de piper, apoi se pune supa clocotită în cratiță. Trebuie să acopere puțin amestecul de carne și ceapă.

5. Se pune capacul și se lasă tocănița să fiarbă la foc mic 4–5 minute. Se curăță cartofii și se taie cubulețe.

6. Se pune jumătate din cantitatea de cartofi peste carne și se acoperă din nou cratița cu capacul.

7. După 15 minute, se amestecă bine compoziția din cratiță și se adaugă restul cartofilor – și încă puțină supă de pasăre, dacă este nevoie. Se lasă să fiarbă la foc mic încă 15 până la 20 de minute, amestecând frecvent, ca să nu se prindă tocănița. Ideea este să se zdrobească, prin fiert, o parte din cartofi, dar să rămână și destui întregi și fragezi.

8. Se asezonează cu sare și piper și se servește fierbinte, cu un cubuleț de unt, o cantitate generoasă de ceapă verde, sfeclă murată și pâine de secară.

FALCĂ DE PORC ÎNĂBUȘITĂ ÎN BERE NEAGRĂ, CU PIURE DE CARTOFI ȘI ȚELINĂ

Aceasta este una dintre mâncărurile mele preferate de iarnă. Tocănița trebuie să fiarbă îndelung la foc mic, pe plită, pentru un plus de hygge și pentru a putea savura în tihnă un pahar de vin, între timp, citind cartea preferată.

Pentru falca de porc înăbușită:

10-12 bucăți de falcă de porc

sare și piper

15 g unt

1/8 rădăcină de țelină tocată mare

1 morcov tocat mare

1 ceapă tocată mare

1 roșie tăiată în sferturi

½ l bere neagră sau ale

Pentru piureul de cartofi și țelină:

750 g cartofi

¼ rădăcină de țelină

200 ml lapte

25 g unt

Falcă de porc înăbușită:

1. Se usucă bucățile de carne prin tamponare cu șervete de hârtie, apoi se asezonează.

2. Se pune untul într-o cratiță, la foc mediu spre mare, și se lasă până devine auriu. Se adaugă carnea și se rumenește pe toate părțile, aproximativ 3-4 minute, în total.

3. Se adaugă țelina, morcovul și ceapa și se lasă să se rumenească ușor, apoi se pune roșia.

4. Se toarnă berea în cratiță. Se adaugă apă, dacă este nevoie, astfel încât carnea și legumele să fie acoperite de lichid.

5. Se reduce focul și se lasă tocănița să fiarbă în clocote mici, aproximativ o oră și jumătate, până se frăgezește carnea.

6. Se scoate carnea din cratiță, iar sosul se lasă în continuare la fiert, să scadă, apoi se strecoară și se asezonează.

Piure de cartofi și țelină:

1. Se taie cartofii și țelina în cubulețe.

2. Se fierb ingredientele până se înmoaie, apoi se scurge apa și se pasează legumele.

3. Se încălzește laptele în cratiță, apoi se adaugă, împreună cu untul, peste legumele pasate. Se asezonează.

Se servește carnea pe pat de piure. Se poate presăra deasupra pătrunjel tocat și se poate servi cu pâine, pentru a înmuia în sos.

BOLLER I KARRY

[BALL-R E CARI]

PERIȘOARE DANEZE ÎN SOS CURRY

Această rețetă tradițională daneză este foarte populară în rândul danezilor de toate vârstele. Era mâncarea preferată a mamei mele și, deși ea a murit în urmă cu aproape douăzeci de ani, eu continui s-o prepar an de an, de ziua ei de naștere. Cum altfel ne-am putea aminti mai bine de cei pe care i-am pierdut, dacă nu gătind mâncărurile lor preferate? Un eveniment trist se poate, în acest fel, transforma într-o seară *hyggelig*. Nu vă îngrijorați dacă nu sunteți amatori de mâncăruri picante. Preparatul este foarte puțin iute, mulți copii danezi adorându-l!

Pentru 4 porții. Timp de gătire: 1 oră și 35 de minute (inclusiv 1 oră pentru odihnă).

1 cană firimituri de pâine (cca 90 g) sau 2 linguri făină

1 ou

2 cepe tocate mărunt

3 căței de usturoi

sare și piper

2 kg carne de porc tocată

4 căni supă de vită

Pentru sosul curry:

2 linguri unt (cca 30 g)

2 linguri cu vârf de pudră galbenă de curry, moderat de iute

1 ceapă mare tocată

1 praz mare tocat (doar partea albă și cea verde-deschis)

5 linguri făină

100 g smântână grasă de 35%

pătrunjel verde tocat

1. Se pun firimiturile de pâine, sau făina, împreună cu oul, ceapa, usturoiul, sarea și piperul într-un castron mare și se amestecă bine. Se adaugă carnea tocată, se amestecă din nou și se lasă la frigider timp de o oră.

2. Cu ajutorul unei linguri, se iau porții din amestec și se modelează perișoare. Se pune la fiert o oală cu apă, se adaugă supa de vită și perișoarele și se lasă să fiarbă la foc mic timp de 5–10 minute (în funcție de mărimea perișoarelor). Se scot perișoarele din oală și se păstrează zeama în care au fiert.

3. Se topește untul într-o cratiță, se adaugă pudra de curry și se lasă totul la rumenit câteva minute.

4. Se adaugă ceapa și prazul și se lasă și acestea să se rumenească timp de câteva minute. Se adaugă făina și se amestecă bine. Apoi se pune zeama păstrată, puțin câte puțin, amestecând, până se îngroașă sosul. Se adaugă smântâna și perișoarele și se lasă să fiarbă la foc mic aproximativ 12 minute.

Se garnisește cu pătrunjel verde tocat și se servește cu orez.

GLØGG

[GLOEG]

VIN FIERT

Decembrie nu este complet fără tradiționalul *gløgg*. Danezii se întâlnesc în baruri sau invită prieteni și rude pe la ei, pentru a-și ura „Crăciun fericit!" la o cană din acest vin cald, picant și parfumat.

Pentru esența de gløgg:

4 mâini generoase de stafide

300 ml porto

1 sticlă (750 ml) vin roșu dens

250 g zahăr brun (de preferat unul cu cristale de zahăr și sirop de trestie – dar este bun și zahărul brun normal)

20 g baton de scorțișoară

20 g ienibahar (boabe întregi)

20 g cuișoare (întregi)

10 g cardamom (întreg)

Pentru gløgg:

1,5 litri vin roșu dens

200 ml rom negru

200 ml akvavit (sau vodcă)

fâșii de coajă de la 1 portocală

200 ml suc de portocale proaspăt stors

100 g migdale tocate

---

1. Cu o zi înainte, se pun la înmuiat stafidele în porto, de preferat pentru 24 de ore.

2. Se toarnă vinul roșu din sticlă într-o oală, se adaugă zahărul și scorțișoara, ienibaharul, cuișoarele și cardamomul și se încălzește amestecul până la punctul de fierbere. Se stinge focul și se lasă totul să se răcească, apoi se strecoară.

3. Se adaugă vinul roșu, fâșiile de coajă de portocală și sucul de portocale, peste esența de *gløgg*. Se încălzește din nou totul până la punctul de fierbere, apoi se adaugă stafidele, vinul de porto și migdalele.

SNOBRØD

[SNO-BROEÐ]*

PÂINICI RĂSUCITE

Aceste pâinici nu vor figura prea curând în meniul restaurantului NOMA. Nu este chiar cea mai rafinată pâine pe care ați văzut-o vreodată, dar pregătirea ei are note maxime de hygge, iar copiii o adoră.

---

* Acest ð moale este unul din sunetele daneze cele mai dificile. Cel mai apropiat de el este englezescul th, dar pronunțat cu limba scoasă puțin mai mult printre dinți.

Pentru 6 bucăți.

Timp de pregătire: 1 oră și 15 minute (inclusiv 1 oră timp de odihnă pentru aluat); timpul de coacere depinde de foc și de răbdarea fiecăruia, dar nu depășește, de obicei, 10 minute.

25 g unt	2 lingurițe zahăr
¼ litru lapte	¾ linguriță sare
25 g drojdie	400 g făină

1. Se topește untul într-o crăticioară și se adaugă laptele, apoi se lasă amestecul pe foc până devine călduț.

2. Se toarnă amestecul într-un castron mare și se adaugă restul ingredientelor, pentru a forma un aluat, păstrându-se puțin din făină. Se frământă aluatul bine și se pune înapoi în castron, se acoperă și se lasă să crească aproximativ o oră, într-un loc cald.

3. Se pune aluatul pe o suprafață pudrată cu făină și se mai frământă încă o dată bine. În această fază, se poate adăuga restul de făină. Se împarte aluatul în șase porții și se modelează din fiecare câte un sul lung de aproximativ 40 de centimetri, care se răsucește apoi în jurul unui băț mai grosuț.

4. Se coc pâinicile răsucite pe jar, dar nu foarte aproape de sursa de căldură. Pâinicile sunt suficient de coapte dacă sună a gol când le loviți ușor cu degetul sau când se desprind cu ușurință de pe bețe.

PONT: ORGANIZAȚI UN CLUB PENTRU GĂTIT!

Acum câțiva ani, am căutat să creez un sistem prin intermediul căruia să mă văd regulat cu o parte dintre bunii mei prieteni, așa că am pus bazele unui club pentru gătit. Am fost inspirat de activitatea mea profesională, fiind conștient că importanța relațiilor reprezintă mereu un indicator-cheie al fericirii oamenilor. În plus, am căutat să organizez clubul pentru gătit de așa manieră, încât să denote maximum de hygge. Așa că, în loc să fim gazde pe rând și să gătim pentru celelalte cinci sau șase persoane, găteam de fiecare dată împreună. Asta înseamnă hygge. Regulile sunt simple. De fiecare dată există o temă sau un ingredient-cheie – de exemplu, rață sau cârnați – și fiecare persoană aduce ingrediente pentru a prepara o porție mică de mâncare conform temei. Se crează o atmosferă foarte relaxată, informală, egalitaristă, unde nici una dintre persoane nu trebuie să gătească pentru musafiri – sau să se ridice la standardele unei cine extravagante.

Una dintre cele mai *hyggelig* seri pe care le-am petrecut la clubul pentru gătit a fost aceea în care am încercat să facem cârnați. Am stat trei sau patru ore să tocăm carnea, să umplem mațele, să fierbem sau să prăjim cârnații. Pe la zece seara, când am reușit, în sfârșit, să ne liniștim, priveam, cu mândrie, la muntele de cârnați, înfometați precum niște vikingi. Rezultatul: dezastruos! Prima impresie a fost că au gust de mucegai. Nu tocmai ceea ce cauți la un cârnat. Cred că ne-am dus la culcare cam flămânzi în noaptea aceea – dar seara a fost foarte *hyggelig*.

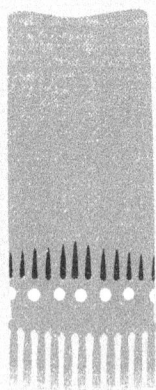

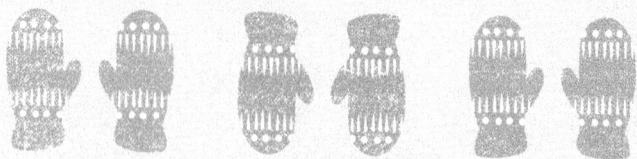

CAPITOLUL CINCI

ÎMBRĂCĂMINTE

INFORMAL ESTE CUVÂNTUL-CHEIE!

Când vine vorba de Danemarca, „informal" este cuvântul-cheie. Danezii apreciază, în general, tonul neoficial, atmosfera neoficială și codul vestimentar pe măsură!

Nu veți vedea multe costume din trei piese pe o stradă din Copenhaga, iar, dacă vă numărați printre oamenii de afaceri îmbrăcați la patru ace, veți găsi stilul vestimentar al danezilor aproape neîngrijit. Cu toate acestea, cu timpul, s-ar putea să constatați că există o artă daneză a îmbinării cu măiestrie a elegantului cu informalul. Pentru o ținută neoficială, și totuși elegantă, mulți oameni – inclusiv eu – combină un tricou sau un pulover subțire cu un blazer deasupra. Eu le prefer pe cele cu petice din piele la coate, pentru hygge și pentru aerul de profesor. De fapt, cred că abuzez de aceste petice, căci prietenii fac glume pe seama mea, spunând că, dacă m-ar căuta într-un bar aglomerat și eu aș sta cu spatele la ei, m-ar identifica după coate.

CUM SĂ TE ÎMBRACI
CA UN DANEZ

Moda daneză este confortabilă, minimalistă, elegantă, dar nu foarte rigidă. Din multe puncte de vedere, este combinația perfectă între hygge și un design minimalist funcțional.

FULARE

Un fular este obligatoriu. Este valabil atât pentru femei, cât și pentru bărbați. Deși se poartă cu precădere iarna, persoane cu simptome de sevraj provocat de înlăturarea fularului au fost observate purtând acest articol vestimentar și în mijlocul verii. Regula de aur este: cu cât mai mare, cu atât mai bine. Așa că, înfășurați-vă bine în jurul gâtului un fular la modă! Danezii sunt atât de obsedați de acest accesoriu, încât unii britanici au poreclit serialul danez de televiziune *Borgen* „Frăția fularelor".

NEGRU

Odată ieșiți din aeroportul din Copenhaga, s-ar putea să vi se pară că ați nimerit pe platourile de filmare ale unui film cu luptători ninja. În Danemarca, toată lumea poartă negru. Idealul este o ținută numai bună pentru înmormântarea lui Karl Lagerfeld: stilată, dar monocromă. Pe timpul verii, se permite o gamă mai diversificată de culori, chiar ceva de-a dreptul flamboaiant: gri.

MEGA VOLUMINOS

O combinație de tricouri, pulovere, cardigane și jerseuri de lână tricotate manual, în partea de sus, și colanți negri, pentru fete, sau blugi strâmți pe picior, pentru băieți, oferă echilibrul între hygge și modă. Puloverele pot fi voluminoase, dar niciodată șleampăte – și nu uitați fularul!

SUPRAPUNERE

Cheia supraviețuirii, într-o zi cu patru anotimpuri, este suprapunerea hainelor. Trebuie să aveți întotdeauna la voi un cardigan de rezervă. Nu există nimic hygge în faptul de a tremura de frig!

COAFURĂ LEJERĂ

Danezii preferă coafurile lejere, până la granița indolentului. Treziți-vă și luați-o din loc! Fetele își pot prinde părul într-un coc lejer, cu cât mai sus în creștetul capului, cu atât mai bine.

PULOVERUL SARAH LUND

Poate cel mai reprezentativ pulover este cel făcut faimos de Sarah Lund, în serialul danez de televiziune *Crima*. *The Guardian* a publicat chiar un articol intitulat „*Crima*: puloverul Sarah Lund pe înțelesul tuturor". Acesta a devenit așa de popular, încât compania din Insulele Feroe care îl fabrică n-a mai putut face față comenzilor.

Obiectul vestimentar a fost ales de actrița Sofie Gråbøl. „Am văzut acel pulover și mi-am zis: el e! Lund e o tipă foarte sigură pe ea! N-are de ce să poarte costum. Este împăcată cu ea însăși." Puloverul îi amintește, de asemenea, de copilăria din anii 1970 și de părinții ei hipioți, care purtau pulovere similare. „Acel pulover simboliza credința în legăturile strânse de familie."

PONT: CUM FACEM CUMPĂRĂTURI

Transformați mersul la cumpărături într-o experiență plăcută! Eu am economisit bani pentru un scaun nou care-mi plăcea, și pentru care am așteptat până mi-a apărut prima carte ca să-l cumpăr. Astfel, scaunul îmi amintește de o realizare personală importantă. Putem aplica aceeași schemă pentru un pulover deosebit sau pentru o pereche drăguță de șosete de lână. Strângeți bani pentru aceste lucruri – dar așteptați până vine cu adevărat acel moment *hyggelig* de care să vă aduceți aminte când le purtați.

—

ACASĂ

CARTIERUL GENERAL AL HYGGE

Serialele daneze de televiziune, precum Borgen, Crima și The Bridge, *sunt numite uneori, de către străini, „showroomuri de mobilă", pentru că în aceste filme atenția spectatorului este atrasă de decorațiunile interioare și/sau de mobilierul din încăperi și mai puțin de acțiune în sine. Într-adevăr, majoritatea scenelor din aceste seriale sunt filmate în case și apartamente frumos decorate, mobilate cu piese daneze clasice.*

Și, da, danezilor le place cu adevărat designul, încât, vizitându-le casele, ai sentimentul că pășești printre paginile unui catalog de design interior.

Motivul obsesiei daneze pentru designul interior ține de faptul că locuințele noastre constituie un cartier general al hygge. Căminul este universul vieții sociale în Danemarca. În vreme ce alte țări au o cultură a traiului monden desfășurat predominant în baruri, restaurante și cafenele, danezii preferă *hjemmehygge* (hygge domestic) – unul dintre motive fiind evitarea prețurilor mari de la restaurante. Șapte din zece danezi spun că acasă se bucură cel mai mult de hygge.

Unde vă bucurați cel mai mult de hygge?

71% Acasă

29% În afara casei

Prin urmare, danezii depun mult efort financiar şi fizic, pentru a avea case *hyggelige*. Ei beneficiază de cel mai amplu spaţiu locuibil, per capita, din toată Europa.

Metri pătraţi per rezident

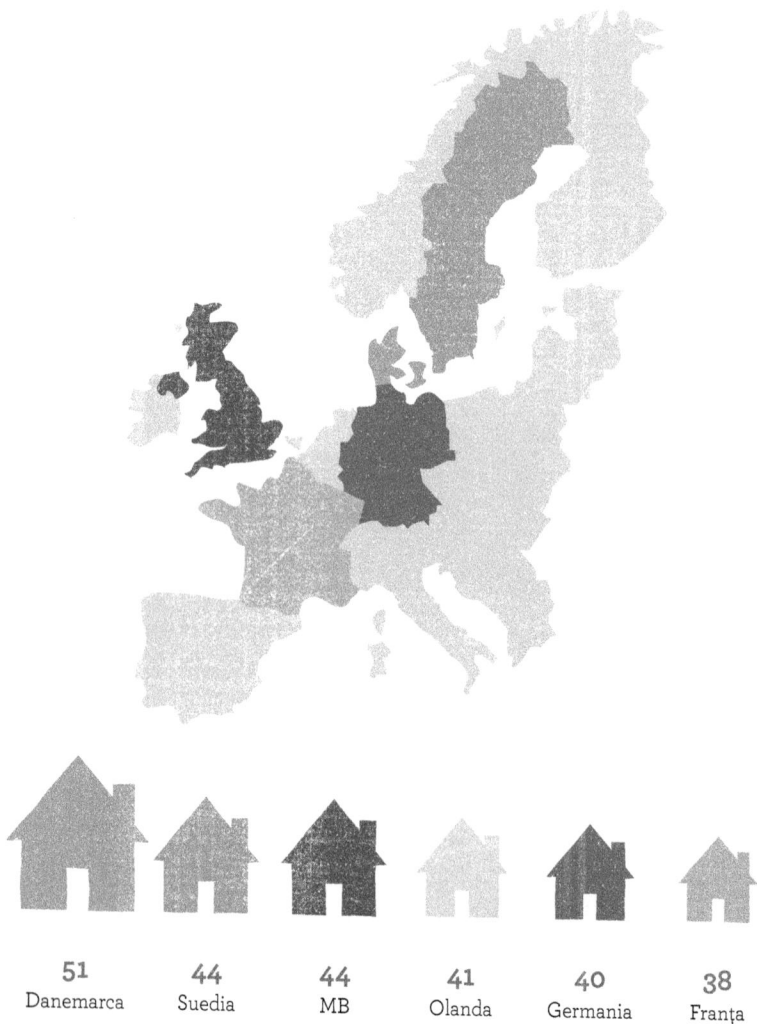

51	44	44	41	40	38
Danemarca	Suedia	MB	Olanda	Germania	Franţa

Într-un decembrie, când eram student, am vândut, în timpul meu liber, brazi de Crăciun. Era o iarnă rece, dar activitatea cu brazii îmi ținea de cald. Am dat toți banii câștigați în luna aceea pentru căratul, tăiatul, cioplitul și vândutul pomilor pe un scaun: faimosul Shell, o reală frumusețe concepută în 1963, de Hans J. Wegner. Al meu era din lemn de nuc, cu piele maro-închis. Doi ani mai târziu, mi-a fost spart apartamentul. Mi-au furat scaunul. Inutil să mai spun că am fost furios. Dar măcar spărgătorii dăduseră dovadă de bun-gust.

Poate că obsesia danezilor pentru design este cel mai bine exemplificată de scandalul având în centru vaza Kähler, sau Vasegate. Vaza Kähler a fost un obiect aniversar vândut în ediție limitată pe 25 august 2014. Peste 16 000 de danezi au încercat s-o cumpere online în acea zi – majoritatea în zadar, căci vaza s-a epuizat rapid. Pagina de internet a picat și oamenii au format cozi lungi în fața magazinelor care aveau vaza la vânzare; cumpărătorii semănau, sub foarte multe aspecte, cu niște adolescente bătându-se pe bilete la un concert al formației One Direction. Compania care fabricase vaza a fost atacată de reacția publică declanșată din cauza stocului limitat. Să fi fost un pic cam prea multă isterie provocată de o vază de douăzeci de centimetri înălțime, cu dungi orizontale de un arămiu metalizat, deși ea ar fi completat de minune orice casă daneză? Se prea poate, dar danezii au săptămâni de lucru relativ scurte, beneficiază de asistență medicală și de studii universitare gratuite, ca să nu mai vorbim despre cele cinci săptămâni de concediu de odihnă plătit anual – să nu poată cumpăra acea vază fusese cel mai rău lucru întâmplat de ani de zile!

LISTĂ CU LUCRURI DORITE

ZECE LUCRURI CARE VĂ VOR FACE CĂMINUL MAI HYGGELIG

1. UN HYGGEKROG

Orice cămin are nevoie de un *hyggekrog*, care s-ar traduce, aproximativ, prin „ungher". Este locul acela dintr-o încăpere, unde îți place să te cuibărești sub o pătură, cu o carte în mână și cu o ceașcă de ceai alături. Al meu este la fereastra din bucătărie, după cum am mai zis. Am pus câteva pernuțe, o pătură și o piele de ren și a devenit locul unde îmi place să și lucrez serile. De fapt, multe dintre paginile acestei cărți au fost scrise acolo.

Danezilor le place enorm acest spațiu confortabil. Fiecare-și dorește unul, iar un *hyggekroge* e ceva obișnuit în Copenhaga și în restul țării. Dacă te plimbi pe străzile orașului, vei observa că multe clădiri au bovindouri. Toate sunt, foarte probabil, căptușite cu perne și pături, oferindu-le locatarilor un locșor confortabil unde să se așeze și să se relaxeze după o zi lungă.

Totuși, un *hyggekrog* nu trebuie să fie neapărat la fereastră, deși poziționarea aceasta este cu adevărat *hyggeligt*. Poate fi o anumită zonă dintr-o cameră – puneți acolo, pur și simplu, câteva pernuțe ori ceva plăcut pe care să vă așezați, instalați o lumină caldă, poate o pătură și aveți propriul *hyggekrog*, unde să vă bucurați de o carte bună și de ceva de băut. Mobilatul în stil *hyggeligt* este un subiect foarte important în Danemarca. Unii agenți imobiliari chiar se folosesc de acest *hyggekrog* pentru a vinde mai bine casele.

Dacă privim înapoi în timp, dragostea noastră pentru spațiile mici se prea poate să vină din vremurile în care trăiam în peșteri, atenți la mediul înconjurător, pentru a ne proteja, pe noi înșine și grupul căruia îi aparțineam, de animale periculoase și de alte amenințări. Era de preferat să locuiești în spații mici, căci căldura generată de trupurile locatarilor nu se disipa așa de repede ca într-un spațiu mai mare; în plus, spațiile mici constituiau locul perfect în care să te ascunzi de animalele mari. În prezent, unul dintre motivele pentru care ne place să stăm într-un *hyggekrog* ar putea fi faptul că ne dă un sentiment de siguranță; să ai un punct de observație asupra unei alte camere sau a străzii oferă avantajul de a identifica orice potențială amenințare. Ne simțim relaxați când suntem într-un *hyggekrog* – simțim că avem control asupra situației și că nu suntem expuși neprevăzutului.

2. UN ŞEMINEU

Am fost un copil norocos. Casa părintească avea şemineu şi sobă cu lemne. Copil fiind, una dintre treburile din gospodărie care-mi plăcea mult era să stivuiesc lemnele şi să aprind focul. Garantat, nu sunt singurul. Conform Ministerului danez al Mediului, în Danemarca există în jur de 750 000 de şemineе şi de sobe cu lemne. Cu puţin peste două milioane şi jumătate de case din toată ţara, înseamnă că trei case din zece au un avantaj hygge. Prin comparaţie, aproximativ un milion de case din Marea Britanie au instalat un arzător cu lemne, însă la un total de douăzeci şi opt de milioane de case britanice, deci un raport de circa una la 28.

Case cu şemineu sau cu sobă

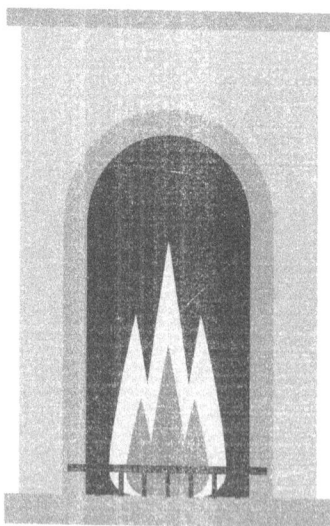

30%
Danemarca

3,5%
MB

Deci, de ce sunt danezii obsedați să ardă lemne? Probabil, ați ghicit deja răspunsul la această întrebare, dar e cert că nu poate fi vorba doar de hygge. Ei bine, conform unui studiu realizat de Universitatea din Aarhus, este adevărat că danezii au sobe cu lemne pentru că, astfel, e mai ieftină încălzirea, dar acesta este doar al doilea cel mai serios motiv, în această privință. Încă o dată, motivul principal este hygge. 66% dintre respondenții participanți la studiu au menționat cu precădere hygge drept motivul cel mai important pentru deținerea unei sobe cu lemne. Iar, dacă-i întrebi pe danezi, 70% sunt de acord că șemineele sunt *hyggelig* – un participant la studiu le-a numit chiar cel mai *hyggelig* element de artă aplicată creat vreodată.

Este corect să spunem că un șemineu poate să fie cartierul general suprem pentru hygge. Este locul unde ne așezăm în solitudine, pentru a ne odihni, într-o stare maximă de bine și de confort. Este locul unde ne petrecem timpul cu cei apropiați și simțim că legăturile dintre noi sunt mai intense.

3. LUMÂNĂRI

N-ai lumânări, n-ai hygge! În caz că vă surprinde acest lucru, mai citiți o dată Capitolul 1.

4. OBIECTE DIN LEMN

Poate că tânjim după rădăcinile noastre, dar obiectele din lemn au ceva aparte. Mirosul de lemn ars emanat de șemineu sau chiar de un chibrit aprins, plăcuta suprafață netedă a unui birou din lemn, scârțâitul delicat al unei dușumele când pășim pe ea pentru a ne așeza pe scaunul din lemn de lângă fereastră. Jucăriile din lemn au redevenit populare, după ani și ani de jucării din plastic. Maimuțica din lemn a lui Kay Bojesen este un excelent exemplu în acest sens. Lemnul ne aduce mai aproape de natură, este simplu și natural, asemenea conceptului hygge.

5. NATURĂ

Lemnul nu este de ajuns. Danezii simt nevoia să aducă toată pădurea în casă. Orice fragment de natură găsit în interior are toate șansele să fie hygge. Frunze, nuci, rămurele, piei de animale... Pe scurt, gândiți-vă: cum și-ar mobila camera o veveriță vikingă? Și nu uitați să acoperiți toate băncuțele, scaunele și pervazurile ferestrelor cu piei de oaie, pentru un plus de hygge. Alternați pieile de oaie cu unele de ren, păstrând pielea de vită pentru podea. Dată fiind această înclinație a danezilor către lumânări, lemn și alte obiecte inflamabile, nu este de mirare că orașul Copenhaga a ars din temelii de mai multe ori. Asigurați-vă că sunteți perfect protejați împotriva incendiilor!

6. CĂRȚI

Cui nu-i place un raft plin cu cărți? O pauză în compania unei cărți bune este o piatră de temelie pentru hygge. Nu contează genul – roman de dragoste, științifico-fantastic, carte de bucate sau chiar de groază – toate sunt bine-venite pe rafturi! Toate cărțile sunt *hyggelig*, însă cele clasice, scrise de autori precum Jane Austen, Charlotte Brontë, Lev Tolstoi și Charles Dickens, au un loc special în bibliotecă. La vârsta potrivită, s-ar putea ca și copiilor voștri să le placă să se cuibărească alături de voi în *hyggekrog*, rugându-vă să le citiți ceva. Deși probabil că nu Tolstoi.

7. OBIECTE DIN CERAMICĂ

Un ceainic drăguț, o vază pe masă, cana preferată din care-ți place mereu să bei – toate acestea sunt *hyggelige*. Două dintre cele mai reprezentative mărci de obiecte din ceramică daneze sunt: Kähler, datând de mai bine de 175 de ani, care a făcut o puternică impresie la Expoziția Mondială de la Paris din 1889 – anul inaugurării Turnului Eiffel –, și, desigur, Royal Copenhagen, fondată în 1775 de regina Juliane Marie, care și-a redobândit popularitatea de curând, odată cu gama Blue Fluted Mega.

8. GÂNDEŞTE PIPĂIND

Aşa cum s-ar putea să fi înţeles deja, un interior *hyggelig* nu are legătură doar cu felul în care arată lucrurile, ci, la fel de mult, şi cu felul în care se simt lucrurile. Când îţi treci degetele peste suprafaţa unei mese din lemn, a unei căni calde din ceramică sau prin firele de păr ale unei piei de ren, senzaţia este clar diferită de cea dată de contactul cu un obiect făcut din oţel, sticlă sau plastic. Gândiţi-vă cum se simt obiectele la pipăit şi aduceţi o diversitate de texturi în căminul vostru!

9. VINTAGE

Aerul vintage este foarte important în casele daneze, într-un magazin de vechituri sau de antichităţi găsindu-se aproape orice. Adesea, provocarea este să găseşti diamante printre munţii de cărbune. O veioză veche, o masă sau un scaun vechi sunt considerate cu adevărat *hyggeligt*. Într-un magazin cu obiecte de colecţie, puteţi găsi tot ce trebuie pentru un minunat decor vintage domestic, iar faptul că toate aceste obiecte au o istorie le face şi mai interesante, şi mai *hyggelig*.

Multe dintre aceste elemente aduc în scenă poveşti pline de nostalgie. Obiectele sunt mai mult decât proprietăţile lor fizice, au o valoare emoţională şi o poveste. Cred că piesele preferate de mobilier din apartamentul meu sunt două taburete pentru picioare. Le-am făcut împreună cu unchiul meu. Sunt sigur că aş putea găsi ceva similar în magazinele de prin Copenhaga, dar n-ar însemna la fel de mult pentru mine. Când le privesc, îmi amintesc de acea după-amiază de acum zece ani, când le-am cioplit din ramura unui nuc centenar. Asta înseamnă hygge. Îmi pot sprijini confortabil picioarele pe ele, sunt din lemn şi au valoare sentimentală – sunt, în esenţă, oul Kinder cu surprize al conceptului hygge.

10. PĂTURI ŞI PERNE

Păturile şi pernele nu trebuie să lipsească din nici un cămin, cu atât mai puţin în timpul lunilor reci de iarnă. Să te cuibăreşti sub o pătură este foarte *hyggeligt*, şi uneori s-o faci chiar dacă nu ţi-e frig, ci, pur şi simplu, pentru că e plăcut. Păturile pot fi din lână sau din fleece, acestea fiind mai călduroase, ori din bumbac, pentru o pătură mai uşoară.

Mari sau mici, pernele sunt, şi ele, esenţiale pentru hygge. Ce este mai frumos decât să-ţi sprijini capul pe o pernă, în timp ce citeşti cartea preferată?

În acest punct, aveţi voie să apelaţi la Freud pentru a-i analiza pe danezi şi să evidenţiaţi faptul că hygge pare să se refere la mâncare pentru suflet şi la pături pentru starea de siguranţă. Şi poate că aveţi dreptate. Hygge înseamnă să-i daţi o pauză eului adult, responsabil, stresat de atingerea performanţei. Relaxaţi-vă! Măcar un timp. Hygge înseamnă să găseşti fericirea în plăceri simple şi să ştii că totul o să fie bine.

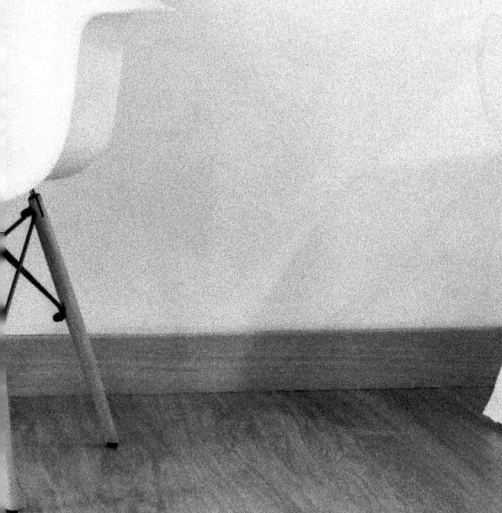

TRUSA DE URGENȚĂ HYGGE

Luați în calcul o trusă de urgență hygge, pentru serile în care sunteți storși de energie, nu aveți planuri, nu aveți chef să ieșiți în oraș și vă doriți să petreceți un timp dedicat doar vouă.

Umpleți o cutie, un dulap ori o valiză cu elemente hygge esențiale. Lista de mai jos s-ar putea să vă inspire cu privire la ce să adunați laolaltă, dar desigur că depinde doar de voi să decideți și să descoperiți ce vă trebuie, pentru a crea rapid un context hygge.

1. LUMÂNĂRI

2. NIȘTE CIOCOLATĂ DE BUNĂ CALITATE

De ce să nu faceți un drum până la cea mai apropiată ciocolaterie și să aduceți acasă o cutie cu ciocolată de cea mai bună calitate? Nu trebuie să fie scumpă, doar ceva dulce de savurat din când în când. Dacă sunteți ca mine, faceți o înțelegere cu voi înșivă să gustați o singură bucățică pe zi sau pe săptămână – altfel, ciocolata va dispărea foarte repede! Făcând din aceasta un ritual zilnic sau săptămânal, veți avea o mică bucurie pe care s-o așteptați de fiecare dată cu plăcere.

3. CEAIUL PREFERAT

(Al meu este, în prezent, rooibos.)

4. CARTEA PREFERATĂ

Ce carte vă face să uitați de lume și să vă pierdeți în paginile ei? Gândiți-vă și puneți-o în trusa de urgență! Dacă aveți o slujbă ca a mea, unde trebuie să citiți mult și să rețineți rapid informațiile-cheie, s-ar putea să aveți tendința să lecturați în viteză cărțile de ficțiune. Suntem tentați să mergem imediat la ultima pagină a romanului de spionaj al lui John le Carré. „Ha! Ca să vezi! Eroul a fost, în tot acest timp, agent dublu!" Nu uitați că acesta este un alt fel de lectură! Citiți pe îndelete și urmăriți firul poveștii! Cartea mea de căpătâi este *Adio arme*, de Ernest Hemingway.

5. FILMUL SAU SERIALUL PREFERAT

Al meu este *Matador* (*Monopoly*), o dramă daneză de acum aproape patruzeci de ani, zugrăvind viața dintr-un orășel danez, de la Marea Criză și pe durata ocupației naziste din Danemarca. Serialul a devenit parte integrantă a înțelegerii moderne de sine a danezilor, majoritatea populației știind pe de rost cel puțin câteva replici din el.

6. GEM

Mai țineți minte petrecerea aceea, când ați pregătit provizii pentru cămară? A fost o zi tare *hyggelig*, nu-i așa? De ce să nu puneți deoparte, în trusa de urgență, câteva dintre bunătățurile pe care le-ați preparat în acea zi, împreună cu familia și prietenii?

7. O PERECHE DE ȘOSETE DIN LÂNĂ

8. O SELECȚIE DIN SCRISORILE PREFERATE

Cuvântul vorbit încetează să existe din clipa în care a fost rostit, însă, prin intermediul limbajului scris, putem auzi cuvinte rostite în urmă cu secole sau cuvintele celor dragi aflați departe. Recitirea unor scrisori vechi reprezintă un mod *hyggelig* de relaxare, aducere aminte și reconectare.

O scrisoare așternută pe hârtie are ceva mult mai *hyggeligt* decât o scrisoare pe ecran. Dacă ați crescut în secolul trecut, la fel ca mine, precis aveți scrisori scrise de mână puse undeva la loc sigur, dar și scrisorile din era internetului pot fi imprimate și păstrate.

9. UN PULOVER CĂLDUROS

10. O AGENDĂ

Puneți o agendă drăguță în trusa de urgență. O s-o numim jurnalul hygge. Primul exercițiu este să notați unele dintre cele mai *hyggelige* momente trăite în ultima lună sau în ultimul an. Vă va da ocazia să le retrăiți și să înțelegeți mai bine ce experiențe v-au făcut plăcere. Pentru al doilea exercițiu, gândiți-vă la ce fel de experiențe *hyggelige* v-ar plăcea să aveţi în viitor. O listă de chestii hygge de rezolvat într-o viaţă, dacă vreţi.

11. O PĂTURĂ FRUMOASĂ

12. HÂRTIE ŞI STILOU

A fost plăcut şi *hyggeligt* să citiţi acele scrisori, nu-i aşa? De ce să nu întoarceţi favoarea? Luaţi-vă timp să scrieţi de mână o scrisoare. Gândiţi-vă la o persoană căreia îi sunteţi recunoscători că există în viaţa voastră şi scrieţi-i pentru a-i spune de ce.

13. MUZICĂ

Vinilul este considerat mai *hyggelig* decât digitalul, dar aplicaţii precum iTunes şi Spotify vă permit crearea unei liste rapide şi funcţionale de piese hygge. Eu prefer ceva lent. Am ascultat mult Gregory Alan Isakov şi Charles Bradley în ultimul timp, dar voi poate o preferaţi pe artista daneză Agnes Obel.

14. UN ALBUM FOTO

Mai ţineţi minte toate fotografiile acelea pe care le-aţi pus pe Facebook? De ce să nu selectaţi o sută dintre pozele preferate şi să le imprimaţi? Un album cu fotografii este mult mai *hyggelig* de răsfoit într-o seară ploioasă, în timp ce sorbiţi dintr-o cană de ceai.

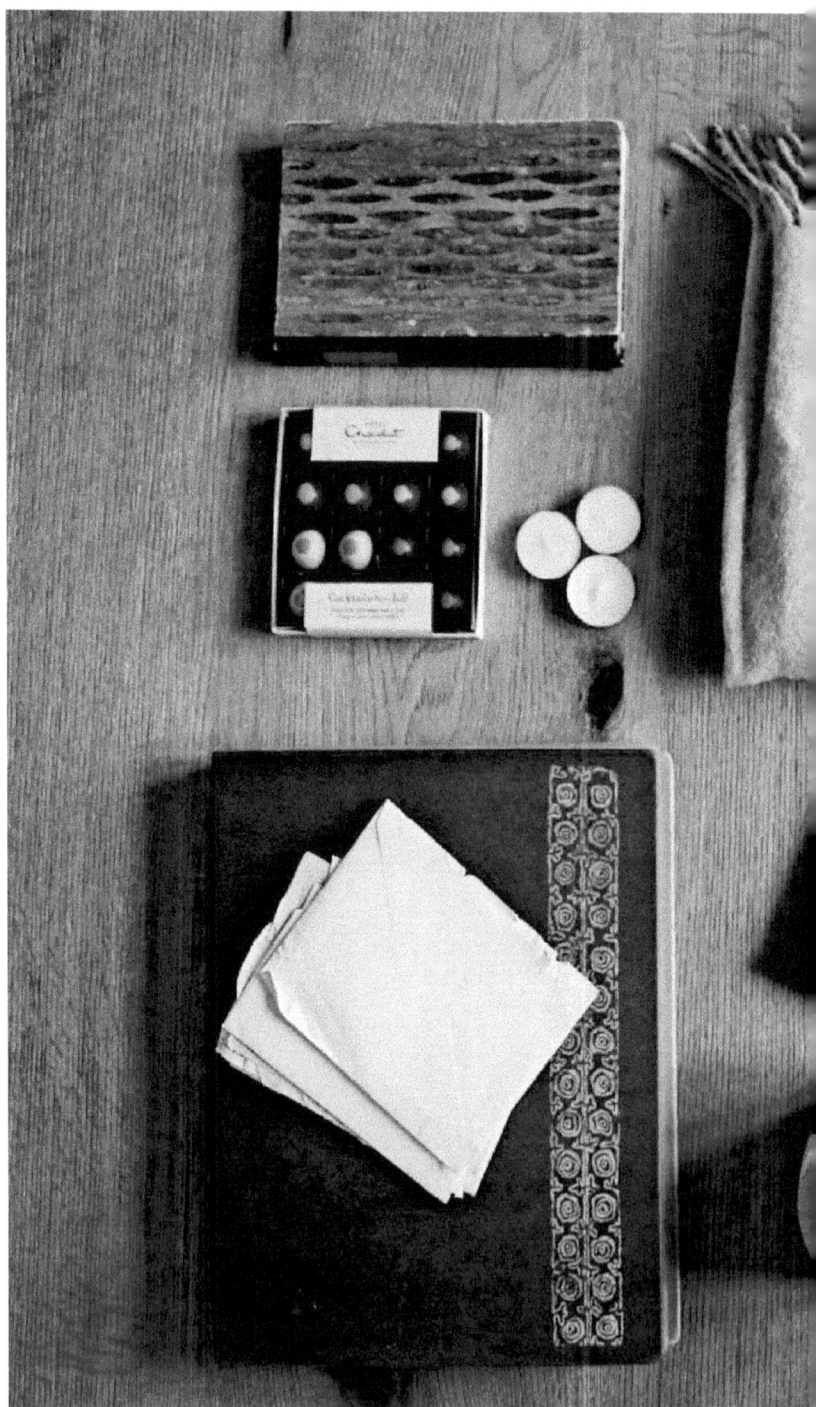

—

HYGGE
ÎN AFARA
CASEI

MINUNATA NATURĂ

Deși căminul reprezintă punctul central pentru hygge, putem experimenta hygge și în afara casei. De fapt, cabanele, ambarcațiunile și natura sunt locuri excelente în acest sens. Hygge este pentru oriunde și oricând, însă eu am observat că momentele hygge sunt create de unul sau mai mulți dintre următorii declanșatori-cheie.

DECLANȘATORI HYGGE

Ca om de știință, activitatea mea implică adeseori căutarea unor tipare printre dovezi – astfel, dacă ne uităm la cazuri de hyggelige, găsim, de asemenea, și câțiva numitori comuni ai acestor momente hygge. (Cred că am acoperit deja din plin mâncarea și lumânările, așa că le vom lăsa deoparte pentru moment.)

COMPANIA

Te poți bucura de hygge de unul singur. Să te cuibărești sub o pătură și să te uiți la emisiunea TV preferată, într-o după-amiază ploioasă de duminică, este *hyggeligt*; să bei un pahar de vin roșu privind o furtună este, de asemenea, *hyggeligt*; ori să stai, pur și simplu, la fereastră și să meditezi la cursul vieții.

Dar se pare că momentele cele mai *hyggelige* presupun compania altor oameni. În urmă cu câțiva ani, tata și cei doi frați ai lui au împlinit, în total, două sute de ani, așa că au închiriat o mare casă de vacanță pe coasta vestică a Danemarcei și au invitat toată familia. Casa era înconjurată de dune de nisip și era amplasată în mijlocul sălbăticiei, unde vântul bate tot timpul cu putere. Am petrecut un sfârșit de săptămână acolo, nefăcând altceva decât să mâncăm, să bem, să discutăm și să ne plimbăm pe plajă. Cred că a fost cel mai *hyggelig* weekend din tot anul acela.

FĂRĂ FORMALITĂŢI!

Majoritatea momentelor *hyggelige* par clădite pe o temelie complet relaxată. Pentru ca voi şi oaspeţii voştri să ajungeţi la hygge, trebuie să vă relaxaţi. Renunţaţi la formalităţi! Prezentaţi-vă aşa cum sunteţi şi fiţi aşa cum sunteţi!

Când aveam vreo douăzeci de ani, am participat, într-o toamnă, la cules de struguri, în regiunea Champagne. În urmă cu câţiva ani, am vizitat regiunea cu trei prieteni şi am decis să facem un popas la podgoria Marquette, unde muncisem în tinereţe. I-am revăzut pe Glennie, stăpâna casei, şi pe fiul ei, care era acum bărbat în toată firea, şi am petrecut cu ei o după-amiază *hyggelig* la podgorie şi în bucătăria lor rustică, cu tavanul ei jos şi podeaua din dale de piatră, bând un pahar de vin la una dintre mesele lungi de acolo. Atmosfera serii a fost relaxată şi informală; în ciuda faptului că nu-i mai văzusem pe Glennie şi pe fiul ei de nişte ani, nu a fost nevoie de nici un fel de formalizare.

APROPIEREA DE NATURĂ

Fie că stai pe malul unui râu din Suedia sau într-o podgorie din Franţa ori, pur şi simplu, în grădina proprie sau în apropierea unui parc, când eşti înconjurat de natură, laşi garda jos şi totul devine simplu.

Când suntem aproape de natură, nu ne copleşesc aparatele electronice şi nici nu trebuie să jonglăm cu o multitudine de opţiuni. Nu există lux sau extravaganţe, ci numai companie şi conversaţie de calitate. Elementele simple, domoale, rustice ne transpun rapid într-o stare de hygge.

Am fost, într-o vară, cu cortul de-a lungul râului Nissan din Suedia, împreună cu nişte prieteni. Frigeam pui la foc deschis şi ne plăcea să-i privim devenind, încet, aurii. Auzeam sfârâitul cartofilor care se coceau în jar, înfăşuraţi în folie de aluminiu. Într-o zi, după ce vâslisem o porţiune serioasă de drum în canoele noastre, priveam cum se lăsa întunericul. Focul lumina în culori calde copacii din jurul taberei; în ciuda luminii focului, printre vârfurile copacilor încă se mai puteau zări stelele. În aşteptarea rumenirii puilor, am băut whisky din cănile de cafea. Eram tăcuţi, obosiţi şi fericiţi. Hygge curat!

TRĂIEŞTE CLIPA!

Există un element legat de sentimentul de a fi prezent în acele momente. Hygge este încărcat de o puternică orientare şi angajament faţă de trăirea şi savurarea momentului prezent.

În acea excursie cu cortul, nu trebuia să fim niciunde altundeva. Eram offline. Fără telefoane. Fără e-mailuri. Eram înconjuraţi de simplitate, de natură, eram într-o companie plăcută, capabili să ne relaxăm complet şi să trăim momentul.

Vară de vară, merg cu unul dintre cei mai buni prieteni ai mei şi cu tatăl lui să navigăm. Există puţine lucruri care îmi fac mai mare plăcere decât să stau la cârmă, sub velele albe imaculate şi cerul albastru, ascultând muzica apei sub punte. Cele mai *hyggelige* momente ale acestor călătorii sunt atunci când ancorăm în diferite porturi pe care le vizităm. După fiecare cină, ne aşezăm împreună pe punte şi privim soarele apunând, în vreme ce ascultăm vântul suflând printre velaturile vaselor din port şi sorbim din cafeaua irlandeză de după masă... Asta înseamnă hygge.

Cele mai bune momente hygge se pot crea folosind unele dintre elementele menționate anterior. Poate uneori reușiți să adăugați toate ingredientele în oală. Eu reușesc în cabanele de vară. Sub foarte multe aspecte, viața într-o cabană oferă toate elementele deja prezentate. Toate amintirile mele preferate din copilărie gravitează în jurul unei căbănuțe de vară, pe care o avea familia mea la doar zece kilometri de oraș și unde ne mutam din mai până în septembrie. În acea perioadă din an, când nici măcar noaptea nu știe ce-i acela întuneric, eu și fratele meu ne bucuram de zile nesfârșite de vară. Ne cățăram în copaci, pescuiam, jucam fotbal, ne dădeam cu bicicletele, exploram tuneluri, dormeam în căsuțele din copaci, ne ascundeam sub bărcile de pe plajă, construiam stăvilare și forturi, ne jucam cu arcuri și săgeți și colindam prin pădure după fragi și după aurul naziștilor. Cabana era cât o treime din casa noastră de la oraș, mobila era veche, iar televizorul era alb-negru și avea o diagonală de paisprezece inci și o antenă cu toane. Dar acela era locul unde ne simțeam cel mai hygge. Din multe puncte de vedere, acelea au fost vremurile cele mai fericite și cele mai *hyggelige*. Și asta pentru că, în multe privințe, cred că aceste cabane includ toți declanșatorii stării de hygge: mirosurile, sunetele și simplitatea. Locuind într-o cabană, oamenii au o legătură mai strânsă cu natura și legături mai strânse între ei. O cabană te forțează să trăiești mai simplu și mai lent. Să evadezi. Să fii la un loc cu semenii tăi. Să te bucuri de moment.

HYGGE LA BIROU

Hygge nu se rezumă la cabane îmbietoare, cafele irlandeze pe puntea unui vas ori cuibăritul într-o pătură acasă, în hyggekrog, *în fața șemineului. Danezii cred că hygge poate – și ar trebui – să existe și la birou.*

Dovada A din această teorie este, desigur, prăjitura despre care am discutat în Capitolul 4. În plus, conform unui studiu despre hygge realizat de Institutul pentru Cercetarea Fericirii, există dovezi că 78% dintre danezi spun că și munca ar trebui să fie *hyggeligt.*

Ar trebui să fie *hyggeligt* la muncă?

13%
Nu

9%
Nu știu

78%
Da

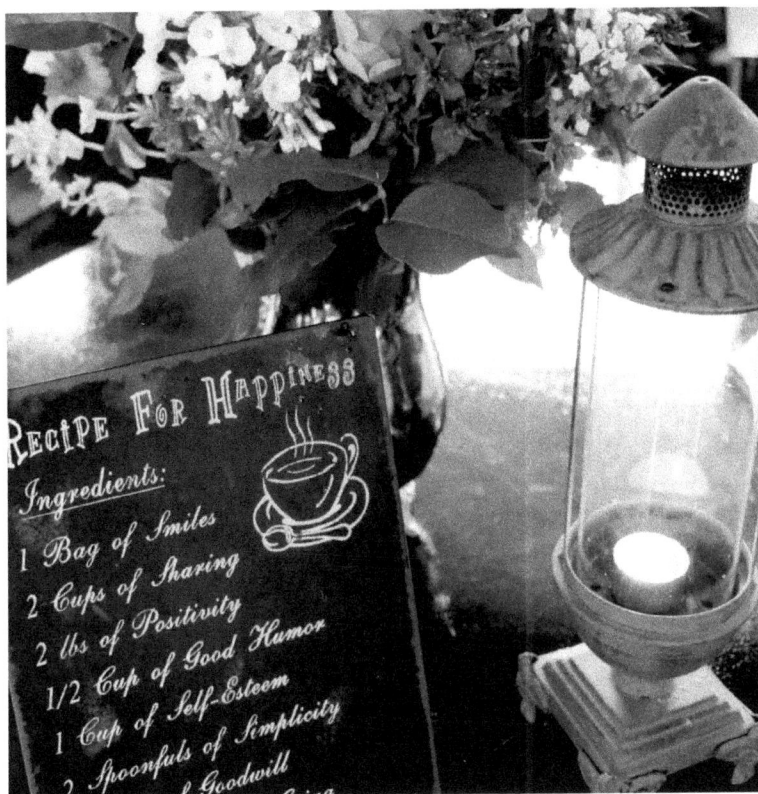

PONT: HYGGE LA SERVICIU

Aşadar, cum faci orele de muncă mai *hyggelige*? Păi, cu lumânări şi prăjituri, desigur. Dar acesta este doar începutul. Găsiţi modalităţi prin care să faceţi lucrurile mai informale, mai confortabile şi mai egalitariste. Am putea aduce câteva canapele, pe care să le folosească oamenii când au de citit rapoarte lungi sau pentru o întâlnire scurtă, informală? Eu particip la multe interviuri, în contextul meu profesional, şi prefer să mă aşez pe o canapea cu jurnaliştii şi să port o discuţie plăcută cu ei, în loc să stau faţă în faţă cu interlocutorul meu la o masă pretenţioasă dintr-un birou cu decor steril.

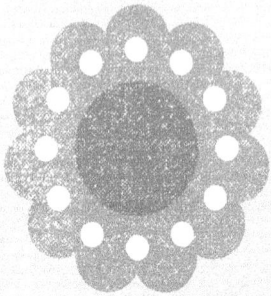

HYGGE PENTRU TOT ANUL

NU DOAR DE CRĂCIUN

Un cunoscut proverb danez spune: „Nu există vreme rea, ci doar haine nepotrivite". Acum, însă, serios vorbind, nu poți spune prea multe lucruri grozave despre vremea din Danemarca.

Unii spun că, la noi, este întunecat, vântos și umed; alții spun că Danemarca are două ierni, una gri și alta verde.

Cu acest tip de vreme, nu este de mirare că danezii își petrec cea mai marte parte a iernii în casă.

Vara, majoritatea danezilor petrec cât mai mult timp afară, pândind cu disperare câte o rază de soare, dar, din noiembrie până în martie, vremea îi forțează pe danezi să stea în casă. Cum nu au ocazia să se bucure de activități hibernale la ei în țară, după modelul Suediei și al Norvegiei, sau să stea afară iarna, după modelul Europei de Sud, tot ce le rămâne de făcut este să creeze un mediu hygge acasă. Drept rezultat, sezonul de vârf pentru hygge este toamna și iarna, conform unui studiu realizat de Institutul pentru Cercetarea Fericirii.

Iată o selecție de idei hygge pentru tot anul.

IANUARIE: SEARĂ DE FILM

Luna ianuarie este perfectă pentru o seară relaxată cu prietenii și familia, la un film. Fiecare persoană poate aduce o gustare pe care s-o împărțiți. Alegeți un film clasic, unul pe care l-ați mai văzut deja cu toții, ca să nu conteze prea mult dacă se mai și discută în timpul lui.

O notă distractivă a serii de film este provocarea ca fiecare să găsească cea mai scurtă explicație despre intriga filmului vizionat. Astfel, trilogia *Stăpânul inelelor* poate deveni: „O gașcă de băieți petrece nouă ore ca să înapoieze o bijuterie", iar *Forest Gump*: „Tipă dependentă de droguri profită zeci de ani de un băiat cu deficiențe mintale".

FEBRUARIE: EXCURSIE LA SCHI

Dacă puteți, adunați-vă prietenii și familia și mergeți la munte în perioada aceasta a anului. Da, peisajele montane sunt uluitoare, viteza pe pârtii este palpitantă, iar puritatea aerului este uimitoare – însă partea cea mai bună a unei excursii la schi sunt momentele hygge. Magia se simte când te întorci cu gașca la cabană: sunteți obosiți de atâta schiat, transpirați și cu părul vâlvoi și rămâneți cu ciorapii aceia urâți de lână în picioare, vă luați o cafea și vă relaxați, împărtășind aceeași liniște. Nu uitați să puneți în bagaj o sticlă de Grand Marnier!

MARTIE: LUNĂ TEMATICĂ

Dacă mergeți cu familia undeva în vacanța de vară, acum puteți pregăti din timp partea de hygge a acelui moment. Dacă v-ați propus să mergeți în Spania peste vară, în luna martie puteți explora țara de la distanță. Prin „explorare" vreau să spun să vă uitați la filme spaniole, să pregătiți *tapas* și, dacă aveți copii, poate să puneți, într-o seară, bilețele cu denumiri în spaniolă pe scaune (*sillas*), masă (*mesa*), farfurii (*platos*), astfel încât să vă pregătiți lingvistic din timp. Dacă nu plecați în vacanță, puteți lua ca temă o țară pe care ați vizitat-o deja (scoateți de la naftalină albumele foto) sau o destinație la care visați. Dacă nu puteți merge într-o țară anume, aduceți țara respectivă la voi.

APRILIE: DRUMEȚII ȘI GĂTIT LA FOC DE TABĂRĂ

Aprilie poate fi o lună minunată pentru drumeții ori pentru excursii cu cortul sau cu canoea. Vremea ar putea fi un pic cam aspră – așa că nu uitați să puneți în bagaj șosetele de lână (sunt extrem de *hyggelige*) –, dar avantajul este că nu vor fi țânțari. Dacă locuiți la oraș, ca mine, este normal să vă panicați în primele ore ale unei drumeții, gândindu-vă: „Ce dracului facem noi aici, fără wi-fi?" Însă, odată ce treceți peste asta, ritmul accelerat al inimii și nivelul stresului se vor reduce. Drumețiile sunt pentru hygge ca ouăle de ciocolată pentru Paște; au un ritm molcom, sunt rustice și aduc oamenii laolaltă. Culegeți vreascuri, faceți un foc de tabără, pregătiți mâncarea și priviți-o cum se face încet, la foc deschis, apoi, după masă, savurați cu prietenii un whisky sub cerul înstelat.

Nu uitați să puneți în bagaj ouăle de ciocolată pentru copii, dacă faceți drumeția de Paște!

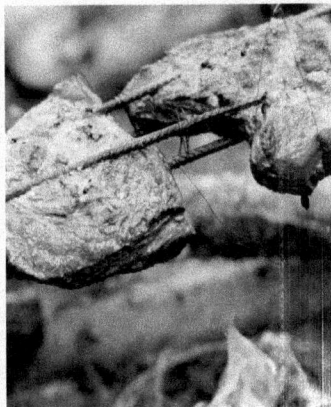

MAI: WEEKEND LA CABANĂ

Zilele devin mai lungi, iar mai este luna ideală pentru a începe drumețiile la țară. Poate că aveți un prieten cu cabană sau poate găsiți una de închiriat la un preț avantajos; cu cât mai rustică, cu atât mai hygge. Șemineul reprezintă un bonus. Nu uitați să puneți în bagaj niște jocuri de societate, pentru după-amiezele ploioase. Un weekend din mai poate fi și prima ocazie din an pentru grătar. Ca hygge de vară, nimic nu întrece un grătar și o bere rece.

IUNIE: SOCATĂ ȘI SOLSTIȚIU DE VARĂ

Începutul lui iunie este momentul perfect pentru a culege flori de soc și a face socată. Fie că o beți rece, într-o zi fierbinte de vară, ori caldă, iarna, socata va avea parfumul verii. Și nu doar când o beți: pentru a face socată, trebuie să lăsați florile și lămâia la macerat câteva zile, așa că toată casa va avea un iz hygge de vară. Pentru mine este de ajuns să adulmec o dată și să mă simt transportat înapoi în verile copilăriei.

Pentru 2,5 litri de socată

30 de buchete de flori de soc

3 lămâi mari

1,5 l apă

50 g acid citric alimentar

1,5 kg zahăr

1. Se pun florile de soc într-un castron mare, de preferat unul în care să încapă cinci litri de lichid.

2. Se spală lămâile foarte bine, prin frecare sub jet de apă fierbinte, se taie felii și se adaugă peste socul din castron.

3. Se dă apa în clocot și se adaugă acidul citric și zahărul.

4. Se toarnă apa fierbinte în castronul cu socul și feliile de lămâie.

5. Se acoperă castronul cu un capac și se lasă socata la macerat trei zile.

6. Se strecoară lichidul și se toarnă în sticle sterilizate. Se păstrează la frigider.

Ajunul sfântului Ioan pică, la noi, pe 23 iunie, iar, în acea seară, danezii sărbătoresc solstițiul de vară. Este tradiția mea preferată. În Danemarca, în iunie, soarele apune pe la ora 23:00, într-o noapte care nu se desparte niciodată complet de zi. După ce apune soarele, ai sentimentul dulce-amar că de a doua zi începe coborâșul lent către întuneric, zilele scurtându-se. Aceasta este seara perfectă pentru un picnic. Prietenii și familia se adună și aprind un foc de tabără. (Se aprinde relativ târziu, dată fiind ziua foarte lungă, așa că, dacă trebuie să-i distrăm pe copii în timp ce așteptăm înserarea, aceasta este o seară perfectă pentru o întrecere cu oul în lingură.)

IULIE: PICNIC ESTIVAL

Iulie este luna în care danezilor le place să iasă în natură și să se bucure din plin de ea. Vremea este caldă, iar serile sunt încă lungi. Este momentul perfect al anului pentru un picnic, pe o pajiște ori într-un parc. Alegerea vă aparține, însă ieșiți din oraș. Invitați-vă familia, prietenii, vecinii sau pe cei care tocmai s-au mutat la același etaj cu voi. Faceți din asta un eveniment la care fiecare să aducă ceva de mâncare, din care să gustați cu toții. Astfel de mese, unde fiecare vine cu câte ceva de mâncare, sunt, de obicei, mai *hyggelig*, deoarece au la bază egalitatea. Mâncarea se împarte, la fel și responsabilitățile, și munca.

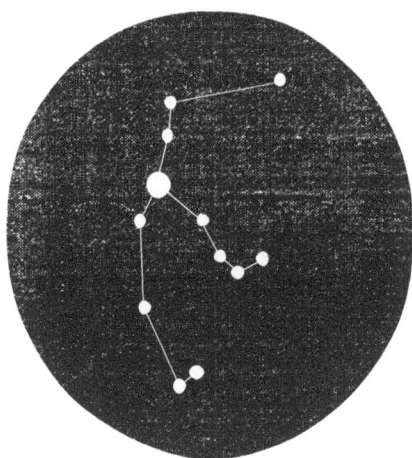

AUGUST: PERSEIDELE

Aduceți-vă păturile pentru o noapte sub stele! Deși nopțile luminoase din această perioadă a anului s-ar putea să nu fie cele mai potrivite pentru privitul stelelor, Perseidele apar la mijlocul lunii, atingând, de obicei, apogeul în jurul perioadei cuprinse între 11 și 13 august. Priviți spre nord-est, urmărind constelația Perseus, cu Andromeda la est și Cassiopeia la nord. Dacă aveți copii, este ideal ca, în timp ce așteptați ploaia de stele, să le citiți povești din mitologia greacă.

Pentru cei din emisfera sudică, varianta ar fi ploaia de meteori Eta Aquarid. Aceasta atinge, de obicei, apogeul undeva între sfârșitul lui aprilie și mijlocul lui mai.

SEPTEMBRIE: LA CULES DE CIUPERCI

Ciupercile apar mai ales toamna, dar pot fi găsite încă de la sfârșitul verii. Nu există mâncare mai bună decât cea crescută, prinsă sau culeasă cu propriile mâini – în plus, e foarte hygge! Adunați-vă familia și prietenii și porniți prin pădure la cules de ciuperci!

AVERTISMENT: Consumul ciupercilor otrăvitoare poate provoca moartea, așa că ar fi bine să cooptați un culegător experimentat și să-l rugați să vă însoțească. Multe comunități organizează astfel de excursii în grup.

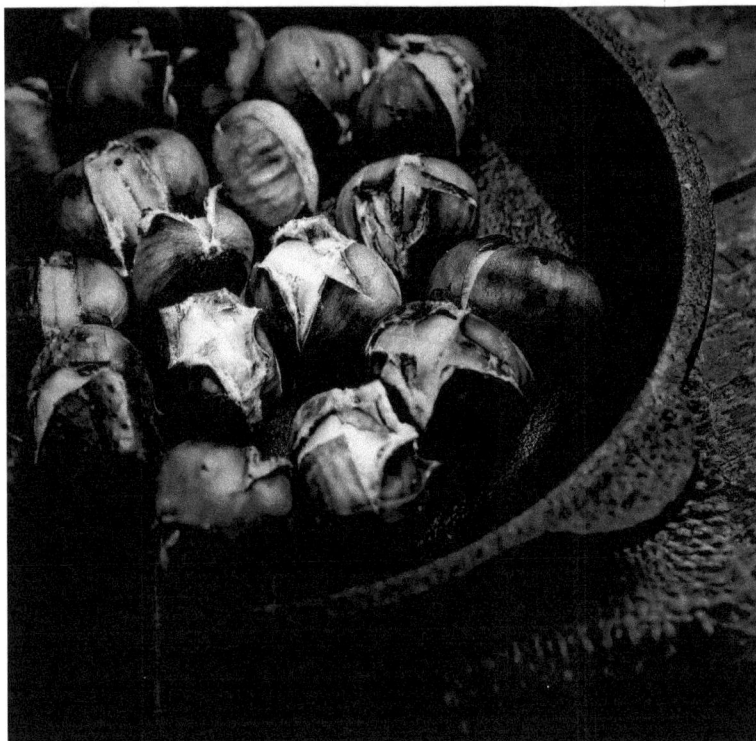

OCTOMBRIE: CASTANE

Este anotimpul castanelor. Dacă aveți copii, luați-i la adunat de castane, din care să faceți, apoi, diferite animăluțe.

Pentru adulți, cumpărați castane comestibile, crestați-le în cruce la capătul țuguiat, folosind vârful unui cuțit, și coaceți-le în cuptor, la 200°C, aproximativ treizeci de minute, până când se desface coaja, iar miezul este moale. Curățați-le de coaja tare și adăugați, peste miez, unt și puțină sare.

Dacă doriți clipe hygge de calitate doar pentru voi, luați câteva mandarine, niște castane coapte și un exemplar din *Sărbătoarea de neuitat*, de Hemingway. Acțiunea se petrece în Parisul anilor 1920, când Hemingway era un scriitor nevoiaș.

NOIEMBRIE: LIBER LA SUPE!

Vine iarna. Este momentul să treceți în revistă vechile rețete de supă, împreună cu unele noi. Invitați-vă familia și prietenii să faceți, împreună, supă. Fiecare persoană aduce ingrediente pentru o porție. Preparați, pe rând, porții mici din diferite supe, atât cât să le ajungă tuturor să guste. Eu fac, de obicei, o supă de dovleac cu ghimbir, care se potrivește de minute cu un strop de smântână. Dacă doriți să pregătiți ceva în plus, ca gazdă, coaceți niște pâine de casă. Mirosul de pâine proaspăt coaptă este, fără nici o îndoială, hygge.

DECEMBRIE: *GLØGG* ȘI *ÆBLESKIVER* (GOGOȘI PUFOASE)

Este sezonul de vârf pentru hygge! Consumul de lumânări și de dulciuri crește vertiginos, la fel și indexul de masă corporală. Suntem, de asemenea, în plin sezon al vinului fiert, *gløgg* (găsiți rețeta la pagina 94). Începeți în avans, prin a pune la înmuiat stafidele în vin de Porto, și invitați-vă prietenii și familia într-o după-amiază sau seară la un *gløgg* cu *æbleskiver* (rețeta la pagina 232).

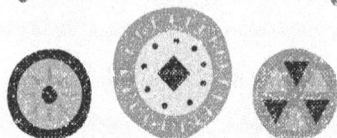

HYGGE FĂRĂ CHELTUIALĂ

CELE MAI FRUMOASE LUCRURI DIN VIAȚĂ SUNT GRATIS!

Niște șosete de lână urâte nu sunt prin nimic excentrice, scumpe sau luxoase – iar aceasta este o caracteristică vitală a factorului hygge. Șampania și stridiile pot fi descrise în multe feluri, dar niciodată ca hygge.

Hygge este modest și potolit. Înseamnă să alegi rusticul în locul noului, simplul în locul luxului și ambianța în locul agitației. Din multe puncte de vedere, hygge e verișorul danez al vieții liniștite și simple.

Înseamnă să te îmbraci în pijama și să te uiți la *Stăpânul inelelor* în ajunul Crăciunului, înseamnă să stai la fereastră și să privești afară, în timp ce sorbi tacticos din ceaiul preferat, și înseamnă să privești focul de tabără la solstițiul de vară, înconjurat de prieteni și de familie, în vreme ce pe foc se coc încet niște pâinici răsucite.

Simplitatea și modestia sunt elemente centrale pentru hygge, în plus, ele sunt considerate virtuți când vine vorba de design și de cultură. Simplitatea și funcționalitatea sunt ingredientele principale ale designului clasic danez, iar legătura specială a danezilor cu modestia înseamnă că a te împăuna cu realizările tale și a-ți flutura ostentativ Rolexul nu doar că sunt gesturi care stârnesc dezgustul și sunt considerate de prost gust, dar tulbură și factorul hygge. Pe scurt, cu cât mai mult „bling-bling“, cu atât mai puțin hygge.

Prin urmare, puteți miza pe hygge ca strategie de retragere dacă intrați într-un restaurant de lux pe care nu vi-l puteți permite. „N-ar fi mai bine să căutăm un loc mai *hyggelig*?“ este motivația perfectă pentru căutarea unei adrese mai ieftine. E drept că nu poți face asta la NOMA. Locul ăla este cu adevărat *hyggeligt*. Este iluminat corect.

Hygge înseamnă să apreciezi plăcerile simple ale vieții și se poate obține cu un buget restrâns. Poezia și cântecul „The Happy Day of Svante“,

de Benny Andersen, sunt faimoase în Danemarca, povestind despre nimic altceva decât trăirea clipei și aprecierea plăcerilor simple. „Privește, se luminează curând. Soarele răsare roșu, luna apune pălind. Și ea este-acum pentru mine sub duș. Pentru mine, cel fericit așa cum sunt. Viața nu e urâtă; este tot ce avem. Și uite cafeaua, aproape fierbinte."

OK, recunosc, danezii sunt mai buni la hygge decât la poezie, însă unul dintre tiparele cele mai consecvente în materie de studiu al fericirii este cât de puțin contează banii. Desigur, dacă nu ai ce mânca, banii sunt de o importanță covârșitoare, însă, dacă nu te lupți cu sărăcia și nu trăiești de azi pe mâine, un plus de 100 £ pe lună nu va însemna mare lucru când vine vorba despre fericire.

Asta se potrivește bine cu hygge. Nu poți cumpăra atmosfera potrivită sau sentimentul de apropiere. Nu poți avea parte de hygge dacă ești pe fugă sau stresat, iar arta creării intimității nu poate fi cumpărată cu nimic în afară de timp, interes și dedicație, toate investite în oamenii din jurul tău.

Hygge poate însemna – şi înseamnă adesea – să mănânci şi să bei, dar cu cât cheltuieşti mai puţin, cu atât este mai *hyggeligt.* Cu cât asociem mai mulţi bani şi prestigiu cu un lucru, cu atât mai puţin *hyggeligt* devine acel lucru. Să bei ceai este mult mai *hyggeligt* decât să bei şampanie, să joci jocuri de societate este mult mai *hyggeligt* decât să joci jocuri pe calculator, iar mâncarea gătită în casă şi biscuiţii copţi de tine sunt mult mai *hyggeligt* decât cele de cumpărat.

Pe scurt, dacă vreţi hygge, nu există nici o sumă anume de bani pe care s-o puteţi cheltui pentru a creşte factorul hygge – cel puţin, nu dacă vă apucaţi să cumpăraţi orice e mai scump decât o lumânare. Hygge este o atmosferă care nu doar că nu se ameliorează prin cheltuirea unei sume mai mari de bani, dimpotrivă.

Hygge poate fi rău pentru capitalismul de piaţă, dar s-ar putea dovedi foarte bun pentru fericirea personală. Hygge înseamnă să apreciezi plăcerile simple ale vieţii şi se poate obţine cu foarte puţini bani. Iată zece exemple de hygge gratis – sau aproape gratis.

ZECE ACTIVITĂȚI HYGGE CU PUȚINI BANI

1. PUNEȚI LA BĂTAIE JOCURILE DE SOCIETATE!

Trăim în epoca Netflix, Candy Crush și a unei cantități infinite de alternative electronice de distracție. Ne petrecem timpul în compania tehnologiei, și nu unii cu ceilalți. Cu toate acestea, jocurile de societate sunt încă populare – parțial, datorită factorului hygge. An de an, prietenul meu Martin organizează o partidă de Axis & Allies, mama tuturor jocurilor de societate. Cu acțiunea plasată în cel de-al Doilea Război Mondial, acest joc este, pe scurt, o versiune complexă a jocului Risk. Durează, de obicei, aproximativ paisprezece ore, iar, pentru asta, Martin o lasă pe foarte înțelegătoarea lui prietenă singură într-un hotel, toată noaptea. Noi transformăm seara în ceva mai mult decât un simplu joc. Ascultăm muzică clasică – de obicei, Wagner și Beethoven –, iar fumul trabucurilor inundă camera și grupul nostru de bărbați în toată firea, în uniforme militare, abia se mai vede. Recunoaștem că ducem totul un pic la extrem, dar o facem pentru hygge!

Dar de ce sunt jocurile de societate hygge? Ei bine, în primul rând, este vorba de o activitate socială. Jucați împreună. Creați amintiri comune și întăriți legături. Toți prietenii lui Martin continuă să își amintească momentul jocului din 2012, când Aliații și-au dat seama brusc că Moscova avea să cadă. În plus, pentru mulți dintre noi, care am crescut cu Monopoly și Trivial Pursuit, jocurile de societate sunt pline de nostalgie și ne duc înapoi în timp, în vremuri când totul era mai simplu. Este vorba și de lentoarea jocului (mai ales dacă o partidă durează paisprezece ore), de senzația de tangibil și de aerul hygge.

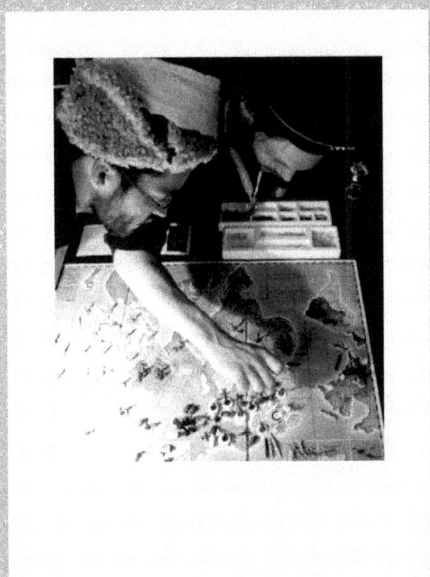

2. PETRECERE ÎN CĂMARĂ

Aceasta este una dintre preferatele mele. Invitați-vă prietenii la voi într-o după-amiază sau seară în care să gătiți în atmosferă hygge. Regulile sunt simple. Fiecare persoană aduce ingrediente pentru a pregăti ceva care să fie pus apoi în cămară (sau în frigider). Gem de căpșuni, sos dulce-acrișor, ketchup de casă, supă de pasăre, limoncello, supă de dovleac – ce vreți voi! Fiecare aduce, de asemenea, borcane, cutii, sticle sau recipiente cu forme care să permită depozitarea belșugului de delicii preparate în casă. Frumusețea, la toate acestea, este diversitatea. În loc să ai zece porții de supă de dovleac, ai, acum, chutney de mango, bere de ghimbir, ardei iute murat, baba ganoush, pâine cu maia, magiun, socată, akvavit de nuci și șerbet de zmeură. Delicios!

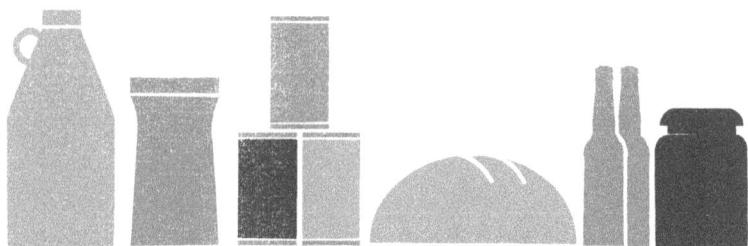

3. SEARĂ LA TV

Împreună cu unul dintre cei mai buni prieteni ai mei mă uit
întotdeauna la *Urzeala tronurilor*. (Suntem la sezonul trei, aşa că vă
rog să nu ne dezvăluiţi cine a murit.) Din două în două săptămâni,
aproximativ, ne uităm la două episoade. Atât. Ştiu că este aproape
amish, în epoca Netflix, să nu te uiţi la un sezon întreg din serialul
preferat imediat ce este lansat, dar acest lucru are şi avantajele
lui. În primul rând, face uitatul la TV din nou un pic mai sociabil.
În al doilea rând, te face să aştepţi mereu ceva cu nerăbdare. Aşa
că abţineţi-vă să devoraţi totul deodată şi invitaţi-vă prietenii la
vizionări săptămânale ale unui anumit program televizat.

4. INSTALAȚI O MINI-BIBLIOTECĂ PE CASA SCĂRII ORI ALTUNDEVA ÎN CARTIER!

O modalitate ieftină și de durată de a face spațiile comune din clădire ori din imediata vecinătate un pic mai *hyggeligt* este să instalați în ele o mică bibliotecă. Găsiți un șifonier rustic sau niște rafturi și puneți-le undeva pe casa scării (ar fi bine să cereți acordul vecinilor mai întâi). Puneți apoi acolo câteva dintre cărțile pe care le-ați citit deja și convingeți-vă vecinii să vă ajute la îmbogățirea selecției de titluri, după principiul înlocuirii oricărei cărți luate cu o alta. Este foarte *hyggeligt* să fii întâmpinat de rafturi pline cu cărți când intri în clădire, la întoarcerea acasă. În plus, asta poate încuraja interacțiuni mai hygge între locatarii din clădire.

5. PÉTANQUE

Poate aveți un prieten care are prin casă acest joc cu bile. În afara faptului că reprezintă o scuză minunată pentru a bea pastis (dacă nu ați încercat încă, aflați că este o delicioasă băutură provensală cu anason), pétanque este o modalitate grozavă de a petrece timpul cu familia și prietenii. Jocul este relaxant și are un ritm lent, așa că vă permite să conversați pe durata lui. Căutați în cel mai apropiat parc un teren cu pietriș pe care să jucați și nu uitați să aduceți cu voi pături și un coș de picnic!

6. FACEȚI UN FOC!

Un foc este, în mod cert, un element hygge, la fel cum este și prepararea mâncărurilor fără pretenții. Contează, însă, foarte mult și când se adună toți în jurul focului, dar și faptul că nu trebuie să întreții o conversație, pentru că ai trosnetul vreascurilor. După ce focul s-a potolit și jarul e gata, căutați un băț și curățați-l de scoarță la un capăt, pentru a înfige în el aluatul de pâine. Înfășurați aluatul strâns în jurul bățului și puneți-l deasupra jarului. Oamenii sunt, acum, adunați în jurul focului, într-un cerc strâns care se rupe ici și colo, după cum își schimbă fumul direcția. Ochii încep să usture, mâinile s-au încins de cât de aproape sunt de foc, pâinea se înnegrește la suprafață, dar rămâne crudă în interior. Însă ceva mai *hyggelig* de-atât nu există!

7. FILME ÎN AER LIBER

În multe orașe sunt instalate cinematografe în aer liber, pe timpul verii. În Copenhaga, așa ceva se întâmplă în luna august, căci în iunie și iulie serile sunt prea luminoase pentru a permite proiecția. De obicei, sonorizarea e slabă, stai cam incomod pe jos, nu ai de ce să-ți sprijini spatele, iar oamenii care au fost destul de isteți să-și aducă scăunele se instalează exact în fața ta, așa că nu vezi bine. Și, totuși, este foarte *hyggeligt*! Eu merg în astfel de locuri cu un grup de prieteni. Ne instalăm, mâncăm ceva, bem niște vin, vorbim și așteptăm să înceapă filmul.

8. PETRECERE CU TROC

Mai știi veioza aceea din debara, pe care de vreo doi ani tot vrei s-o pui pe eBay? Ori blenderul acela în plus, pe care-l aveți tu și consoarta ta de când v-ați decis să vă mutați împreună? De ce să nu scăpați de ele schimbându-le cu ceva de care chiar aveți nevoie – petrecând, în plus, și o seară *hyggelig*? Invitați-vă prietenii și familia la o petrecere cu troc! Regulile sunt simple. Fiecare persoană aduce ceva ce nu mai folosește, dar care s-ar putea să aibă valoare pentru altcineva. Pe lângă faptul că este o acțiune care salvează portofelul și mediul înconjurător, este și o ocazie bine-venită de a mai face loc prin șifonier, prin dulapurile din bucătărie, prin debara sau pe unde mai țineți lucrurile nefolosite de mult. În plus, s-ar putea să fie mai avantajos și mai distractiv să faceți troc cu prietenii decât să petreceți un weekend cărând toate vechiturile la talcioc sau punându-le la vânzare online.

9. LA SĂNIUȘ

Iarna există pericolul să nu prea ieși din casă. Și deși poate fi *hyggeligt* să te relaxezi citind o carte și bând ceai, este și mai *hyggeligt* să faci asta după ce ai petrecut o zi prin zăpadă. Așa că adunați un grup de prieteni și porniți spre derdeluș. Dacă aveți o sanie frumoasă din lemn pe undeva prin beci, grozav, dar există și alternative mai ieftine. Puteți folosi un sac rezistent din plastic, pentru a vă da pe derdeluș. Săniușul este gratis – și distractiv. Aduceți un coș de picnic, cu ceai sau vin fiert. Nu beți când conduceți săniuța!

10. LA JOACĂ

Din multe puncte de vedere, unele dintre activitățile enumerate aici, cum ar fi săniușul și jocurile de societate, fac parte din aceeași categorie, cea a jocurilor. Ne-au plăcut când eram mici, dar, nu știu din ce motiv, am încetat să le mai practicăm odată ce-am devenit adulți. Adulții nu se joacă. Adulții se stresează, au griji și sunt prea ocupați cu problemele vieții. Însă, conform unui studiu realizat de Universitatea Princeton și condus de Alan Krueger, profesor de economie și afaceri publice, suntem cei mai fericiți atunci când derulăm activități în timpul liber.

Una dintre problemele noastre ca adulți este că ne concentrăm prea mult pe rezultatul unei activități. Muncim pentru a câștiga bani. Mergem la sală ca să slăbim. Petrecem timp cu oamenii pentru a stabili relații și a avansa în carieră. Ce s-a întâmplat cu a face un lucru doar pentru că e distractiv? Deci, dacă nu vă puteți aminti ultima oară când v-ați distrat, atunci aduceți-vă aminte de thrillerul *The Shining*: „Toată munca asta fără nici un pic de joacă îl face pe Jake un băiat anost". Observați, în tabel (paginile 196–197), că activitățile sociale precum sportul, drumețiile, petrecerile și jucatul cu copiii au cel mai mare punctaj.

SONDAJ REALIZAT LA PRINCETON PRIVIND STAREA DE FERICIRE ŞI TIMPUL

În cadrul acestui studiu, aproximativ 4 000 de respondenți au fost întrebați cât de fericiți au fost, pe o scară de la 0 la 6, realizând diferite activități în care fuseseră implicați cu o zi înainte.

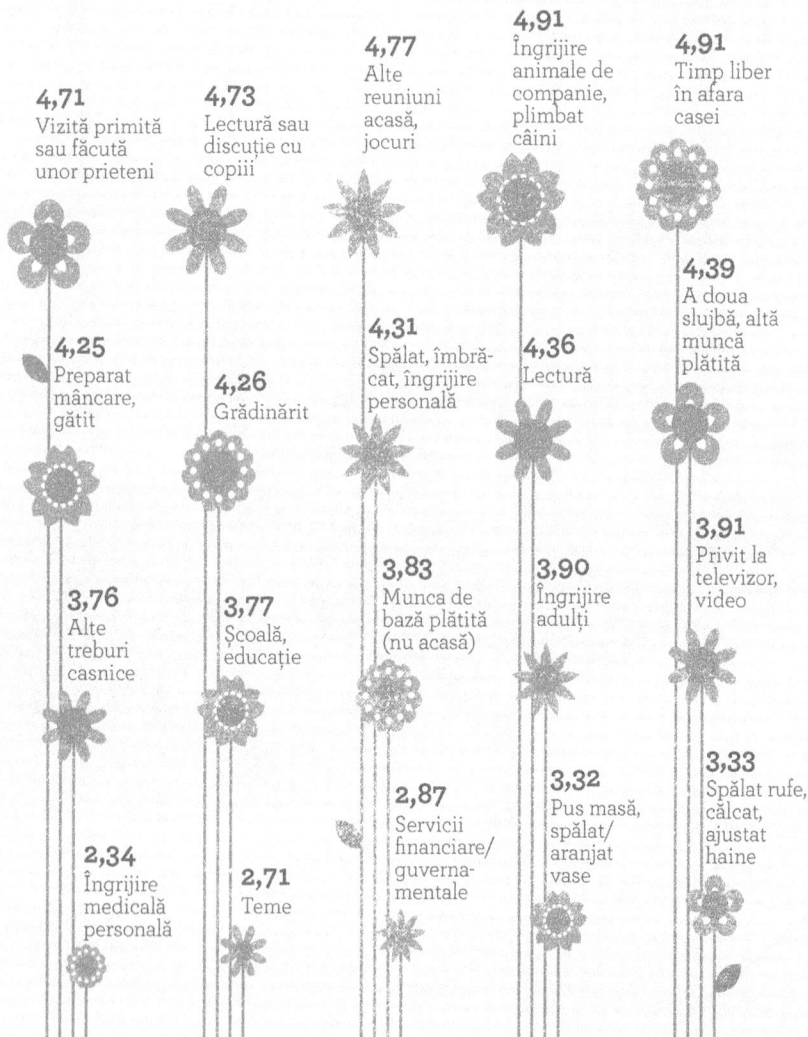

4,71
Vizită primită sau făcută unor prieteni

4,73
Lectură sau discuție cu copiii

4,77
Alte reuniuni acasă, jocuri

4,91
Îngrijire animale de companie, plimbat câini

4,91
Timp liber în afara casei

4,25
Preparat mâncare, gătit

4,26
Grădinărit

4,31
Spălat, îmbrăcat, îngrijire personală

4,36
Lectură

4,39
A doua slujbă, altă muncă plătită

3,76
Alte treburi casnice

3,77
Şcoală, educație

3,83
Munca de bază plătită (nu acasă)

3,90
Îngrijire adulți

3,91
Privit la televizor, video

2,87
Servicii financiare/ guvernamentale

3,32
Pus masă, spălat/ aranjat vase

3,33
Spălat rufe, călcat, ajustat haine

2,34
Îngrijire medicală personală

2,71
Teme

5,24
Petreceri sau recepții

5,24
Participare la eveniment sportiv

5,32
Vânătoare, pescuit, navigat, drumeție

5,33
Ascultat muzică (CD etc.)

5,41
Jucat cu copiii

4,97
Rugăciune sau activități religioase

5,0
Cafenea, bar

5,02
Călătorie cu scop de consum

5,06
Achiziționare servicii personale

5,09
Sport și exerciții fizice

4,40
Relaxare, meditație, odihnă

4,47
Alte mese sau gustări

4,54
Îngrijire generală copii mai mari

4,55
Conversație, telefon, mesaje scrise

4,66
Plimbare

3,93
Îngrijire copil

3,99
Folosire computer

4,02
Călătorie cu scop de relaxare/altele

4,03
Achiziționare mărfuri de rutină

4,22
Voluntariat

3,46
Scris de mână

3,47
Muncă plătită la domiciliu

3,50
Reparații casnice, întreținere auto

3,67
Achiziționare servicii medicale

3,72
Curățenie

UN TUR PRIN COPENHAGA

SAFARI ÎN STIL HYGGE

Dacă vizitați Copenhaga, poate vedeți câteva dintre aceste locuri hyggelige.

NYHAVN (PORTUL NOU)

Aceasta a fost, pe vremuri, zona rău famată a orașului, cu marinari scandalagii și „dame de companie". Astăzi, aici puteți mânca pește marinat și bea un pahar de șnaps într-unul dintre numeroasele restaurante din zonă. Dacă nu vă atrage asta și totuși vremea este frumoasă, faceți ce fac localnicii și cumpărați câteva beri dintr-un magazin, așezați-vă pe dig și urmăriți forfota orașului.

LA GLACE

Desfătați-vă cu frișcă! Ați reținut cât de importante sunt prăjiturile? Dacă ar exista un El Camino al prăjiturii, La Glace ar fi Catedrala Santiago de Compostela. La Glace a fost fondată în 1870 și este cea mai veche cofetărie din Danemarca.

GRĂDINILE TIVOLI

Grădinile Tivoli au fost fondate în 1843 și reprezintă o atracție clasică în Copenhaga, mulți cetățeni cumpărând permise anuale de vizitare. Deși mulți vizitează grădinile vara, cel mai frumos moment, în ceea ce privește hygge, este când Tivoli sunt împodobite pentru Crăciun și Anul Nou (de obicei, de la mijlocul lui noiembrie până în ianuarie). Este o sărbătoare a luminii, câteva sute de mii de beculețe transformând grădina într-un loc magic în întunericul iernii.

În această atmosferă puteți savura o cană de *gløgg* lângă unul dintre focurile de tabără din grădină ori vă puteți încălzi lângă șemineul din barul Nimb.

VÂSLIND PRIN CHRISTIANSHAVN

Christianshavn face parte din centrul oraşului Copenhaga, dar este separat de restul centrului, prin Portul Interior. Este dominat de canale şi aminteşte puţin de Amsterdam. Cea mai bună alternativă de vizitare a acestei părţi a oraşului este vâslind de-a lungul canalelor într-o barcă închiriată. Luaţi-vă nişte pături la voi şi un coş de picnic!

GRÅBRØDRE TORV

Toate casele vechi de aici te fac să te întorci în timp cu secole. Această piață *hyggelige* își datorează numele mănăstirii franciscane a Fraților Gri (*Gråbrødre*), fondată în 1238. În piață veți descoperi numeroase restaurante drăguțe. La Peter Oxe puteți mânca un *smørrebrød*, o tartină daneză clasică din pâine de secară, și să vă bucurați de focul din șemineu. Șemineu găsiți până și într-unul dintre saloanele de coafură de aici (dotat și cu un bulldog francez, care va fi bucuros să vi se așeze în poală și să tragă un pui de somn în timp ce vă tundeți). Hygge absolut! Și poate că o să aveți norocul să vedeți un porc întreg fript la proțap.

VÆRNEDAMSVEJ

Pe Værnedamsvej mașinile fac slalom printre bicicliști și pietoni. Această stradă scurtă te va face să încetinești pasul, să adulmeci mirosul florilor și al cafelei. Florari, cafenele, baruri de vinuri și magazine de design interior fac din acest loc o minunată ocazie de a petrece o după-amiază lejeră și *hyggelig*.

UN LOC PENTRU *SMØRREBRØD*

Smørrebrød înseamnă, literalmente, pâine unsă. Este o tartină din pâine de secară. Danezii sunt înnebuniți după ea, această pâine fiind, de obicei, unul dintre primele lucruri de care li se face dor când trăiesc în străinătate. Unii expați din Danemarca numesc această tartină „sandalele diavolului", pentru că îi detestă gustul și găsesc că e greu de mestecat. Din toate punctele de vedere, *smørrebrød* poate fi garnisită cu aproape orice, de la hering sau carne crudă de vită, la ouă și fructe de mare, unele având denumiri fanteziste, precum „Gustarea de la miezul nopții a veterinarului". *Smørrebrød* se servește, de obicei, cu bere și șnaps.
În Copenhaga, veți găsi multe locuri tradiționale care oferă *smørrebrød*, un astfel de prânz fiind, cu siguranță, hygge.

BARUL-BIBLIOTECĂ

La Hotel Plaza, în apropierea gării centrale, veți găsi Barul-bibliotecă (Library Bar), deschis în 1914. Găsiți aici sofale, lambriuri, cărți legate în piele și un iluminat cu adevărat *hyggelig*. Din când în când, se poate asculta muzică live, dar, într-o seară liniștită, acesta este locul ideal pentru conversații profunde. Dacă îl vizitați în perioada Crăciunului, veți descoperi un pom de Crăciun atârnând din tavan, cu vârful în jos.

CRĂCIUNUL

ACESTA ESTE CEL MAI *HYGGELIG* MOMENT AL ANULUI

Pentru mulți, inclusiv pentru danezi, Crăciunul este o sărbătoare minunată. Dar „minunat" este departe de a fi singurul cuvânt care să caracterizeze cu adevărat Crăciunul. Dacă-i pui pe oameni să descrie această zi într-un singur cuvânt, ei vor folosi, cel mai probabil, adjective precum „fericit", „vesel", „cald" și „cordial". Danezii sunt de acord cu multe dintre acestea, „dar" – vor obiecta ei – „lipsește cel mai potrivit cuvânt. Ați uitat de hyggelig!*"*

În Danemarca, există o lună din an când zilele sunt atât de scurte, încât ești norocos dacă apuci să vezi puțin soarele. Când pleci sau vii de la serviciu pe bicicletă într-o beznă completă, începi să te întrebi cum de s-a gândit cineva vreodată că ar fi o idee bună să te stabilești în Danemarca. Da, știu, nu sunt -30°C afară, nici nu ne dau de furcă uraganele sau tsunamiurile. Însă, trăind aici, ajungi să ai impresia că zeii responsabili cu vremea nu-i prea suferă pe danezi și vor să ne facă nefericiți și să ne producă disconfort măcar o lună pe an.

Oricât de neverosimil ar părea, acesta este anotimpul hygge în Danemarca. Danezii, pur și simplu, nu vor să lase starea vremii sau legile naturii să le influențeze buna stare emoțională. Prin urmare, în loc să intre în hibernare – care pare, într-adevăr, tentantă în diminețile umede de decembrie –, danezii au decis să profite la maximum de ce au la dispoziție.

Deși este posibil să creezi hygge tot timpul anului, doar o dată este acesta țelul suprem al întregii luni. Dacă nu-și creează un context hygge, toată osteneala danezului pentru Crăciun este de prisos. Castane, foc în șemineu, prieteni și familie adunați în jurul mesei încărcate cu mâncăruri delicioase, decorațiuni roșii, verzi și aurii, mireasma proaspătă a bradului de Crăciun, colindele pe care le știu cu toții și transmiterea întocmai a acelorași emisiuni TV ca în anul precedent – și ca în toți anii de dinainte –, acestea sunt caracteristicile unui Crăciun reușit în toată lumea. Din Dallas în Durban, oamenii cântă laolaltă „Last Christmas" al lui Wham. Din Dublin în Dubai, oamenii știu subiectul *Poveștii de Crăciun* a lui Dickens. Lucrurile nu stau altfel nici în Danemarca.

Într-adevăr, există caracteristici tipic daneze, însă Crăciunul danez nu este foarte diferit de cel german, francez sau britanic, în ceea ce privește activitățile sau tradițiile.

Ceea ce diferă în Danemarca totuși este că aici Crăciunul va fi întotdeauna planificat, gândit și evaluat prin raportare la hygge. În nici un alt moment al anului nu-i veți auzi pe danezi vorbind la fel de mult de hygge. Acum, el este menționat literalmente cu orice ocazie. Și, desigur, danezii au și un cuvânt compus pentru asta: *julehygge* („hygge de Crăciun"), care este atât adjectiv, cât și verb. „Vrei să treci pe la noi pentru niște *julehygge*?"

În paginile care urmează, voi încerca să schițez o rețetă pentru un Crăciun *hyggelig* adecvat – un Crăciun danez perfect –, o sarcină, de altfel, menită să te descurajeze. Danezii țin foarte mult la Crăciunul lor și sunt sigur că mulți vor dezaproba elementele de sărbătoare pe care le voi menționa aici. Cu toate acestea, majoritatea vor recunoaște, probabil, mai mult de un element din propriile tradiții.

FAMILIE ȘI PRIETENI

An de an, în a doua jumătate a lunii decembrie, în Danemarca are loc o migrație în toată regula. Oameni din alte părți ale Danemarcei, care locuiesc în mod obișnuit în Copenhaga, își fac bagajele, înghesuind în ele tone de cadouri, și se urcă într-un tren către orașul natal.

Un Crăciun *hyggelig* începe și se termină cu familia și prietenii. Aceștia sunt oamenii în prezența cărora ne simțim în siguranță; sunt cei care ne fac să fim în largul nostru. Ne cunosc, iar nouă ne face plăcere să ne petrecem timpul cu ei pentru că îi iubim. S-a dovedit, în repetate rânduri, că unul dintre cei mai buni indicatori ai bunei noastre stări emoționale este calitatea relațiilor sociale.

În viața de zi cu zi, mulți dintre noi au sentimentul că se văd prea rar cu cei dragi. Crăciunul este o ocazie să recuperăm; este momentul când ne strângem cu toții în jurul unei mese încărcate cu bunătățuri și ne bucurăm de viață și de prezența celorlalți. Acesta este ingredientul-cheie al Crăciunului *hyggelig*. Oamenii de peste tot fac același lucru în fiecare an, însă numai în casele danezilor lumea răsuflă ușurată la unison când li se confirmă că „totul este așa de *hyggeligt*". În acel moment, atât gazdele, cât și oaspeții simt că a venit Crăciunul; adevăratul spirit hygge a fost atins.

Dar familia nu este de ajuns pentru a avea un Crăciun *hyggelig*. Deși mulți oameni se întâlnesc în principal cu familia și cu prietenii în timpul sărbătorilor de iarnă, este un lucru pe care îl poți face, până la urmă, și în restul anului.

TRADIȚII

MÂNCARE

În perioada Crăciunului, există anumite ritualuri și tradiții pe care trebuie să le respecți, pentru a te bucura de hygge. Un Crăciun danez are nevoie de decorațiunile, bucatele și activitățile adecvate, pentru a fi considerat „cu adevărat" *hyggelig*.

Mai întâi de toate, bucatele. Mâncare daneză. Mâncare daneză consistentă. Dacă aveți răbdare să căutați destul de mult pe internet, sunt convins că veți găsi diete potrivite. Există diete care recomandă doar carne sau doar grăsimi, diete pe bază de apă ori de mulți carbohidrați și diete complet lipsite de carbohidrați. Există diete cu legume și chiar diete cu soare. Cu toate acestea, încă nu am dat peste o dietă care să includă bucatele daneze specifice Crăciunului.

Ingredientul principal al meniului de Crăciun este carnea, sub formă de friptură de porc ori de rață la cuptor – adesea ambele. Aceasta este însoțită de cartofi natur, cartofi natur caramelizați, varză dulce înăbușită și varză roșie murată, sos de friptură și castraveciori murați. Unii adaugă și varză înăbușită în smântână grasă, cârnați și diverse tipuri de pâine.

Pentru a completa festinul, o adevărată invenție daneză – *risalamande* (din franțuzescul *ris à l'amande*, care sună mai pompos), adică jumătate frișcă semibătută, jumătate orez semifiert, la care se adaugă migdale tocate fin, peste toate turnându-se sos fierbinte de vișine. Când mănânci *risalamande* nu doar că ai parte de o experiență delicioasă, ci și de o frumoasă ocazie de socializare. Pentru că, undeva în castron, împreună cu acest desert, este ascunsă o mare migdală întreagă. De obicei, după ce și-a primit fiecare castronelul cu *risalamande*, se așterne o liniște mormântală în toată încăperea. Fiecare aruncă ocheade celorlalți. Ai zice, mai degrabă, că ești la un joc de pocher sau că urmează un schimb de focuri ca în westernuri, nicidecum că este o tradiție de Crăciun. „La cine este migdala?" Cine găsește migdala primește un cadou și devine subiect de comentarii despre cât de norocoși sunt unii (și nu știu cum se face, dar unii chiar par să fie mai buni la găsit migdala decât alții).

Curând, liniştea este înlocuită de întrebări iscoditoare: „Tu ai găsit migdala, aşa-i?", „O ţii ascunsă, la fel ca anul trecut, este?" Scopul celui care a găsit migdala este s-o ascundă şi să nege că a găsit-o, ca să-i facă pe ceilalţi să mănânce tot din castronele, ritualul transformându-se, astfel, într-un concurs de mâncat *risalamande*. În perioada Crăciunului, momentul desertului se transformă într-o activitate socială *hyggelige*. Vi se pare că sună delicios? Staţi să gustaţi! Din fericire pentru corpul nostru, aceste feluri de mâncare se servesc doar o dată pe an.

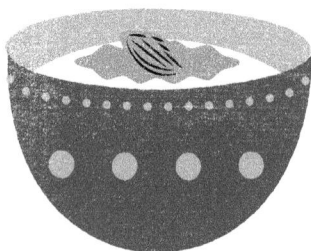

DECORAȚIUNI

Un Crăciun *hyggelig* nu este complet fără decorațiunile potrivite. Acestea pot fi mai diverse decât mâncarea, căci fiecare familie a moștenit propriile-i decorațiuni de la părinți și bunici. Podoabele pot include figurine întruchipând un *nisse* (spiriduș sau gnom), animale și pe Moș Crăciun, minifigurine despre Nașterea Domnului și comete sau inimioare din hârtie glasată.

Inimioarele din hârtie sunt rareori întâlnite în afara Danemarcei. Originea lor i-a fost atribuită lui Hans Christian Andersen, maestru în decupaje din hârtie. Sunt făcute din două bucăți de hârtie glasată, pliate, iar clapele celor două bucăți de hârtie sunt țesute între ele pentru a forma inimioare. Există inimioare în diverse culori și au diferite motive, fiecare danez știind să meșteșugească măcar una simplă. (Vezi pagina 235, pentru instrucțiuni.)

Există, apoi, lumânările (desigur). Când 100% din timpul petrecut acasă, în decembrie, este pe întuneric, ai nevoie de diferite surse de lumină – iar lumânările sunt *hyggelig*. O versiune tipic daneză a lumânării de Crăciun este cea de advent, inscripționată cu datele cuprinse între 1 și 24 decembrie.

În fiecare zi, este arsă porțiunea din lumânare corespunzătoare datei respective. Totuși nimeni nu aprinde lumânarea-calendar când este singur. Preferă să facă asta fie dimineața, când părinții încearcă frenetic să-i pregătească pe toți pentru școală și serviciu, fie seara, când se lasă din nou întunericul și familia se reunește în jurul mesei. Lumânarea-calendar este, literalmente, elementul central al familiei. Ea constituie un punct și un interval de timp naturale în jurul cărora să te reunești. În plus, alimentează fetișul danezilor pentru numărătoarea inversă până la Crăciun.

NUMĂRĂTOAREA INVERSĂ
PÂNĂ LA HYGGE

Lumânarea-calendar nu este singurul mod prin care danezii numără zilele rămase până la cea mai hygge zi din an. Copiii danezi au calendare de advent și deschid câte o ferestruică în fiecare zi, pentru a descoperi un simbol sau un motiv de Crăciun.

O versiune mai extravagantă presupune o serie de cutiuțe din lemn sau din carton, care conțin o jucărioară de Crăciun ori ceva dulce. Unele familii au chiar calendare cu mici cadouri, pe care copiii le primesc în fiecare zi până-n Crăciun – când primesc și mai multe cadouri.

Și mai sunt și calendarele TV. Special făcute pentru copii, le oferă o îndeletnicire *hyggelig* care să facă mai ușoară așteptarea zilei celei mari. În fiecare an, majoritatea posturilor de televiziune au propriul *julekalender* – o poveste legată, de obicei, de Crăciun, având 24 de episoade și atingând apogeul pe 24 decembrie, când adulții sunt ocupați cu ultimele pregătiri.

Evidențiind faptul că sărbătoarea Crăciunului este cu adevărat un moment hygge, unul dintre personajele obișnuite deja din aceste emisiuni este Lunte, un *nisse*, care-i salută, de obicei, pe oameni cu un: *Hyggehejsa!* („Hygge-salut!") În fiecare an este realizat un nou calendar hygge, existând de fiecare dată și câte unul vechi, transmis în reluare. Și, în vreme ce copiii vor râde și se vor distra urmărind aceste emisiuni, pe adulți îi veți observa de fiecare dată trăgând cu ochiul la ecran, zâmbind în sinea lor și amintindu-și de propria copilărie, când urmăreau exact aceleași scene în timp ce așteptau cu nerăbdare Ziua Crăciunului.

Desigur, aceste lucruri sunt *hyggelige* în sine. Dar sunt importante și pentru că reprezintă tradiții. Iar tradițiile contează pentru hygge. Tradițiile ne amintesc de toate celelalte momente frumoase trăite alături de familie și de prieteni. Simțim că există ceva din Crăciun sau din hygge în aceste acțiuni și elemente care au făcut parte din viețile noastre tot timpul. Fără ele, lipsește ceva. Crăciunul, pur și simplu, nu ar mai fi la fel.

CURSA CĂTRE RELAXARE

Simțiți că ați cam obosit tot citind despre lucrurile necesare unui Crăciun danez? Vă înțeleg perfect. Toate lucrurile despre care am vorbit aici contribuie, cu adevărat, la presiunea de a crea hygge în perioada Crăciunului.

Dacă oamenii nu simt că atmosfera e hygge, ceva e în neregulă – Crăciunul este sortit eșecului.

Toate pregătirile pentru un Crăciun *hyggelig* sunt, în general, stresante și, într-adevăr, nu foarte *hyggelige*. Acum, ar putea părea un pic contradictoriu, dar să știți că are sens. Hygge este posibil numai prin opoziție cu ceva care nu este hygge. Este esențial, pentru conceptul de hygge, ca el să reprezinte o alternativă la tot ce nu este *hyggeligt* în viața de zi cu zi. Un timp scurt, hygge ne apără de tot ce nu este *hyggeligt*. Trebuie să existe un anti-hygge pentru ca hygge să aibă valoare. Viața poate părea stresantă. Ar putea părea nesigură și nedreaptă. Viața este, adesea, centrată pe bani și pe statut social. Dar viața nu este nimic din toate acestea, în momentele hygge.

Vă mai amintiți de prietena mea, care a zis despre acel moment din cabană că putea fi mai *hyggelig* numai dacă ar fi fost afară și un viscol năprasnic? Asta înseamnă hygge. Cu cât conceptul separă mai mult situația de acum și de aici de realitățile dure ale lumii de afară, cu atât devine mai valoros.

Astfel, n-ai cum să creezi hygge fără forfota și agitația de dinaintea Crăciunului. Conștientizarea banilor, a stresului, a muncii și a timpului investite pentru pregătirea în vederea marii zile este ceea ce favorizează hygge, ca stare alternativă. Hygge este amânat pentru a fi obținut. Să știi că prietenii și familia au muncit din greu toată luna decembrie pentru a se aduna laolaltă, fără să se gândească la muncă, la bani și la toate lucrurile materiale, asta înseamnă hygge!

Dar, chiar și așa, Crăciunul include momente care amenință să compromită factorul hygge. Cum acesta înseamnă să lași deoparte viața cotidiană, faptul de a te concentra pe bani, de exemplu, și pe a da și a primi cadouri amenință să contamineze puritatea specifică factorului hygge.

A oferi și a primi daruri ar putea face pe cineva să se simtă expus sau ar putea evidenția diferențele de statut. Dacă primești un cadou prea mare, s-ar putea să te simți îndatorat față de cel care ți l-a oferit, în vreme ce, dacă oferi un cadou prea mare, s-ar putea să fii dezaprobat, pentru că acesta ți-ar confirma poziția superioară. Demonstrațiile de putere nu sunt hygge. În Danemarca, hygge de Crăciun presupune egalitate. Importante sunt relațiile și comunitatea, nu indivizii care încearcă să atragă atenția asupra lor. Este imposibil să ai parte de hygge când cineva se simte exclus ori superior altcuiva.

Prin urmare, cele mai frumoase Crăciunuri sunt acelea care includ tot ce am menționat în acest capitol și în cadrul cărora riscurile schimbului de cadouri sunt anulate, printr-un echilibru între ce se oferă și ce se primește. Din fericire, după ce sunt schimbate cadourile, mai rămân destule zile *hyggelige* fără daruri, înainte de Anul Nou, pentru relaxare și mese luate împreună, când hygge este, din nou, sacrificat, în vederea altor pregătiri.

ÆBLESKIVER

(EH-BLEH-SKI-VER)

O gustare daneză tradițională de Crăciun sunt aceste *æbleskiver*.
Nu uitați să le serviți cu *gløgg* (rețeta la pagina 94). Aveți nevoie de o
formă specială, o tigaie pentru *æbleskiver*, care poate fi comandată online.

Pentru 4–6 porții

3 ouă

450 ml lapte

250 g făină

1 lingură zahăr

¼ linguriță sare

½ linguriță bicarbonat de sodiu

3 linguri unt topit

zahăr pudră, pentru servit

gem, tot pentru servit

1. Se amestecă foarte bine gălbenușurile, laptele, făina, zahărul, sarea și bicarbonatul de sodiu. Se acoperă amestecul și se lasă să se odihnească treizeci de minute.

2. După ce a crescut compoziția, se bat albușurile spumă tare și se încorporează delicat în amestec.

3. Se încinge tigaia pentru *æbleskiver* și se pune câte puțin unt în fiecare adâncitură. Se toarnă un pic din compoziție în fiecare formă, umplându-se pe trei sferturi, și se coc gogoșile la foc mediu. Se întorc frecvent, cu ajutorul unei andrele sau al unei frigărui, ca să se facă uniform. Durează, de obicei, 5-6 minute. Prima dată se întorc după ce au făcut o crustă rumenă dedesubt, dar aluatul este încă moale deasupra.

4. Se servesc fierbinți, cu zahăr pudră și gemul preferat.

INIMIOARE DIN HÂRTIE PENTRU CRĂCIUN

Există, în Danemarca, o tradiţie veche a realizării unor inimioare din hârtie împăturită, care se folosesc drept ornamente pentru bradul de Crăciun.

Originile acestei tradiţii nu se cunosc, însă cea mai veche inimioară a fost făcută de Hans Christian Andersen, în 1860. Este încă păstrată într-un muzeu. La începutul secolului XX, această îndeletnicire s-a răspândit, poate mai ales pentru că se considera că acţiunea de pliere a inimioarelor din hârtie glasată dezvolta abilităţile motorii ale copiilor. În prezent, familiile cu copii petrec o bună parte din după-amiezele de duminică realizând inimioare de Crăciun.

CUM SE FAC INIMIOARELE DIN HÂRTIE

Aveți nevoie de: hârtie glasată în două culori diferite (în imaginile de mai jos, roșie și albastră), o foarfecă, un creion și puțintică răbdare.

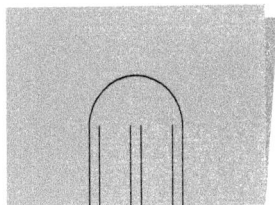

INIMA X

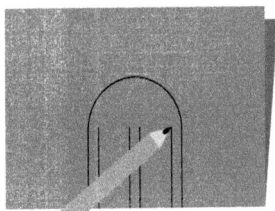

INIMA Y

PASUL 1:

Se împăturesc foile de hârtie în două. (Dacă hârtia este colorată doar pe o parte, asigurați-vă că fața colorată rămâne în afară.)

Pe exteriorul fiecărei foi de hârtie împăturite, se trasează conturul literei U, cu 4 linii pentru tăiere (o inimă X și o inimă Y). Marginile drepte ale lui U ar trebui să fie paralele cu marginile hârtiei.

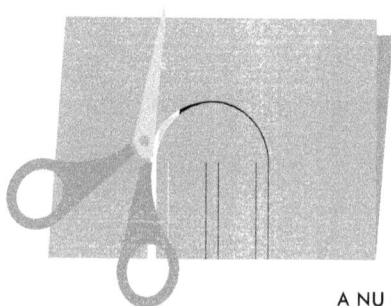
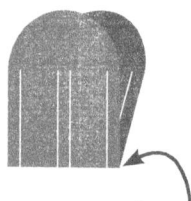

PASUL 2:

Se taie formele, inclusiv de-a lungul liniilor de tăiere. Veţi obţine câte o formă din fiecare culoare.

Fiecare formă de hârtie decupată va avea două straturi de hârtie şi cinci clape.

INIMA X   **INIMA Y**

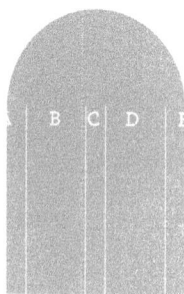
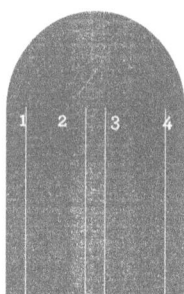

PASUL 3:

Există doar două acţiuni posibile când se pliază clapele: o clapă fie merge prin mijlocul unei alte clape, fie o altă clapă trece prin mijlocul ei. Clapele adiacente alternează, aşa încât, dacă o clapă trece prin alta, clapa adiacentă face opusul.

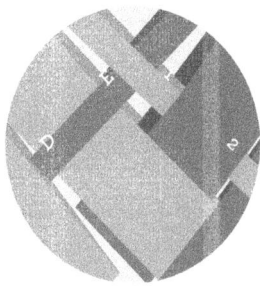

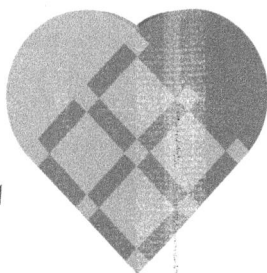

Pentru a crea inimioara, clapa 1 a hârtiei albastre este țesută prin mijlocul clapei E a hârtiei roșii, clapa D este țesută prin clapa 1; clapa 1 prin clapa C; clapa B prin clapa 1; și clapa 1 prin clapa A.

Se repetă același proces începând cu clapa 2, dar se inversează procesul de la țeserea clapei E prin clapa 2.

Clapa 3 trebuie să fie apoi țesută precum clapa 1; clapa 4 precum clapa 2; și clapa 5 precum clapele 3 și 1.

Când clapa 5 a fost țesută prin clapa A, inimioara este gata. V-ați calificat pentru a fi danezi!

HYGGE DE VARĂ

E UȘOR SĂ TRĂIEȘTI!

Vara poate fi și ea hyggelig, chiar dacă nu presupune folosirea lumânărilor și a șemineelor. Vara înseamnă miros de iarbă proaspăt cosită, piele bronzată, cremă de protecție solară și apă sărată.

Înseamnă lectură la umbra unui copac, bucuria nopților lungi și adunarea prietenilor în jurul unui grătar. Vara nu înseamnă că trebuie să reduceți din hygge – este doar un alt hygge față de cel de toamnă sau de iarnă. El presupune să profiți din plin de soare, de căldură și de natură, nerenunțând la elementele-cheie ale socializării și ale mâncării gustoase. Iată cinci sugestii de luat în calcul pentru a avea parte de hygge și vara.

1. SĂ NU UITĂM DE ROADELE PĂMÂNTULUI!

Există puține lucruri mai *hyggelig* decât să petreci o zi în livadă, la cules de fructe. Cam o dată pe an, merg cu prietenii mei pe Fejø – o mică insulă din sudul Danemarcei, cunoscută pentru merele ei. Sunt acolo șiruri nesfârșite de meri și de pruni. Când ajungem pe insulă la sfârșitul verii, sunt coapte prunele Opal și merele Filippa.

Să petreci o zi în livadă înseamnă să ai parte de hygge într-o altă zi, când prepari gemuri și dulcețuri din fructele culese de tine. Anul acesta, vom încerca să facem cidru. Poate că e momentul pentru acea petrecere în cămară de care vorbeam mai devreme.

2. FACEȚI UN GRĂTAR CU FAMILIA ȘI PRIETENII!

Nimic nu pune hygge mai rapid în mișcare ca aprinderea unui grătar! Este genul de hygge practicat în cele mai multe părți ale lumii. Invitați-vă prietenii și familia și gătiți împreună! Aprindeți grătarul și, până se face jarul, jucați crochet, dacă aveți la dispoziție un spațiu generos în aer liber ori alte jocuri la care să participe toată lumea.

3. ALĂTURAȚI-VĂ UNEI GRĂDINI COMUNITARE SAU CREAȚI UNA!

Grădinile comunitare reprezintă o modalitate minunată de a aduce atmosfera *hyggelige* a satului într-un oraș mare. Să urmărești roșiile crescând în timp ce stai la o șuetă la cafea cu ceilalți grădinari este și *hyggelig*, și contemplativ, în același timp. În plus, aduce laolaltă oamenii din cartier și susține dezvoltarea spiritului comunitar. Cum să nu-ți placă?

Crearea de grădini comunitare a fost una dintre recomandările Institutului pentru Cercetarea Fericirii, când lucram într-un oraș din imediata apropiere a capitalei Copenhaga, încercând să venim cu idei care să amelioreze structura socială și să reducă izolarea și singurătatea din rândul comunității. A fost o idee atât de grozavă, încât m-am gândit că ar trebui să realizăm și noi una. Zis și făcut! Peste drum de biroul nostru este o biserică ce are un teren suficient pentru aproximativ douăzeci de straturi de plante. Am comandat șapte tone de pământ afânat și am petrecut o după-amiază de duminică aranjând grădina și, desigur, pentru și mai mult hygge, am făcut și un grătar la sfârșitul zilei.

4. PICNICURI PE PLAJĂ

Vara este un anotimp minunat, în care putem merge la piață și umple coșul cu căpșuni, cireșe sau pepeni verzi. Mai adăugați în coș niște pâine și brânză și sunteți pregătiți de picnic. Adunați-vă toți prietenii sau luați cu voi doar pe acea persoană specială din viața voastră și găsiți un loc frumos la malul mării. Este rețeta pentru una dintre cele mai *hyggelige* activități pe care le puteți face în timpul verii. O zi întreagă poate trece doar cu conversație, lectură și bucuria de a nu trebui să faceți nimic.

5. TURE PE BICICLETA CARGO

Ce altă modalitate mai frumoasă de a-ți explora orașul sau cartierul, dacă nu pe bicicletă? Desigur că, fiind din Copenhaga, s-ar putea să fiu părtinitor. Așadar, dacă sunteți atât de norocoși – cum sunt eu –, încât să cunoașteți niște oameni de ispravă care să aibă biciclete cargo, poate reușiți să împrumutați una pentru o zi. Puneți în remorca bicicletei copiii, consoarta, părinții, pe cel mai bun prieten, cățelul sau pe cineva care este în vizită în oraș (capacitatea maximă recomandată: două persoane!) și puneți-vă pe pedalat! Bineînțeles că ați putea la fel de bine să mergeți pe jos ori cu mașina. Dar bicicleta cargo poate fi transformată într-o fortăreață mobilă hygge.

Aduceți pernuțe, un pled, gustări, muzică, un coș pentru picnic, orice vă mai trece prin cap! Aceasta este modalitatea perfectă de petrecere a unei după-amieze de vară, însă, cu un pled călduros în plus și cu un pulover gros, poate fi o activitate de făcut pe tot parcursul anului. De fapt, am plimbat-o într-o iarnă cu bicicleta pe o frumoasă suedeză, pe sub luminile de Crăciun din Copenhaga, într-o încercare de-a o cuceri. Încercarea a eșuat. „Nu a fost momentul potrivit" (asta cred că s-ar traduce, în orice limbă de pe planetă, prin: „Nu prea mă interesezi"). Dar sunt sigur că motivul nu a fost faptul că ea nu a considerat întâlnirea noastră destul de hygge.

BICICLETELE ŞI FERICIREA

În afară de hygge, Hans Christian Andersen, Lego şi design danez, Danemarca este cunoscută şi pentru pasiunea faţă de biciclete.

Desigur că este uşor să fii o naţie de iubitori de biciclete când cel mai înalt punct al ţării este de sub două sute de metri şi când municipalitatea investeşte la greu în infrastructura pentru biciclişti. (Impozitul auto, de 150–180%, probabil că ajută şi el.)

Cu toate acestea, danezii îşi iubesc bicicletele şi adoră să pedaleze. În Copenhaga, 45% din cei care locuiesc, studiază sau lucrează în oraş folosesc bicicletele pentru a ajunge la locul unde învaţă sau lucrează. Aproximativ o treime dintre persoanele care lucrează în oraş, dar locuiesc în afara lui, aleg să facă naveta pe bicicletă. Cred că majoritatea dintre noi apreciem faptul că mersul pe bicicletă este o modalitate simplă de a strecura puţin exerciţiu fizic în rutina cotidiană, care este, în acelaşi timp, şi în avantajul mediului înconjurător (şi al portofelului). Totuşi nu acesta este motivul pentru care Copenhaga pedalează. O facem pentru că este uşor şi comod. Este cea mai rapidă modalitate de a ajunge din punctul A în punctul B. Dar există şi un avantaj suplimentar, care ar putea fi trecut cu vederea şi prea puţin promovat: pedalatul îi face pe oameni mai fericiţi.

Un studiu amplu realizat în 2014, de Norwich Medical School, din cadrul Universităţii East Anglia, şi de Center for Health Economics, al Universităţii din York, pe aproape 18 000 de navetişti având peste 18 ani, postulează că persoanele care merg la muncă pe bicicletă sunt mai fericite decât cele care folosesc autoturismul sau transportul în comun.

Aţi putea comenta cum că nu putem fi siguri că tocmai mersul pe bicicletă induce fericirea. Ar putea fi, la fel de bine, exact invers – cu cât oamenii sunt mai fericiţi, cu atât înclină mai mult să meargă pe bicicletă. Corect, dar aici devine interesant. Când cercetătorii care au făcut studiul au analizat rezultatele, au descoperit că oamenii care trecuseră de mai mulţi ani de la naveta cu maşina sau cu autobuzul la bicicletă sau la mersul

pe jos au devenit mai fericiți după această schimbare. Și, pentru a vă bombarda și cu alte argumente menite să vă convingă să încercați mersul pe bicicletă, un alt studiu, de data aceasta al Universității McGill din Montreal, a demonstrat, de asemenea, că aceia care mergeau la muncă pe bicicletă erau mai satisfăcuți de naveta făcută, chiar dacă aceasta putea dura mai mult.

Iar, dacă fericirea nu este o motivație îndeajuns de convingătoare, dați-mi voie să vă spun că, în conformitate cu un studiu olandez (mari iubitori de biciclete și olandezii) realizat de Universitatea din Utrecht, trecerea de la condus la pedalat, pentru naveta zilnică, adaugă între trei și paisprezece luni la durata de viață, iar un studiu danez a ajuns la concluzia – poate deloc surprinzătoare – că și copiii care merg la școală pe bicicletă sunt semnificativ mai în formă decât cei duși cu mașina.

„OK", o să-mi spuneți. „Deci mersul pe bicicletă o să mă facă mai sănătos și mai fericit. Dar la ce-mi folosesc sănătatea și fericirea? Nu-mi aduc bani..." Ei bine, s-ar putea să nu fiți segmentul-țintă ideal pentru următorul meu argument, dar iată-l: dacă mergeți pe bicicletă, avem cu toții de câștigat. Este bine pentru comunitate.

Mersul pe bicicletă nu este benefic doar pentru fiecare individ în parte şi pentru sănătatea şi starea de bine ale acestuia, este un indicator al spiritului comunitar. Un studiu suedez din 2012, pe un eşantion de mai bine de 21 000 de oameni, a arătat că persoanele care se deplasau cu maşina participau, în general, la mai puţine evenimente sociale şi reuniuni de familie. Mai mult, conducătorii auto aveau comparativ mai puţină încredere în alţi oameni. Cei care alegeau să meargă pe jos sau pe bicicletă participau la mai multe evenimente sociale şi aveau comparativ mai multă încredere în ceilalţi.

Asta nu înseamnă că, dacă laşi maşina pentru bicicletă, o să ai brusc mai multă încredere în ceilalţi. Cercetătorii care au făcut studiul oferă următoarea explicaţie pentru creşterea distanţei la care se face naveta: datorită unei pieţe a muncii mai flexibile şi mai accesibile, oamenii îşi găsesc slujbe mai departe de casă. În schimb, aceasta înseamnă că reţelele sociale ale oamenilor sunt răspândite pe o arie geografică mai extinsă, ceea ce le diminuează sentimentul de apartenenţă şi angajamentul în comunitatea imediată. Cu alte cuvinte, dacă un oraş este proiectat astfel încât să facă necesar un drum lung către serviciu, sănătatea socială a acelui oraş este afectată. Dacă o mulţime de oameni folosesc bicicleta, acesta este, probabil, un indicator al faptului că locuieşti într-o comunitate sănătoasă. Acesta este un lucru care ar trebui luat foarte serios în considerare când vine vorba de planificare urbană, dacă dorim să susţinem coeziunea comunităţii şi încrederea între localnici.

—

CINCI DIMENSIUNI ALE HYGGE

*Deși hygge poate fi
un concept intangibil
și abstract, eu cred
cu tărie că ne putem
folosi de toate simțurile
pentru a-l detecta.
Hygge are un gust, un
sunet, un miros și o
textură – și sper că veți
reuși să identificați
acest spirit în jurul
vostru.*

GUSTUL HYGGE

Gustul este un element important pentru hygge, deoarece hygge presupune, adesea, să mănânci ceva. Iar acel ceva nu poate fi mai proaspăt, mai inedit sau incitant, oricum ar fi.

Gustul hygge este aproape întotdeauna familiar, dulce și reconfortant. Dacă vrei să faci o ceașcă de ceai mai *hyggelig*, adaugi miere. Dacă vrei să faci o prăjitură mai *hyggelig*, adaugi glazură. Și dacă vrei o tocăniță mai *hyggelig*, adaugi vin.

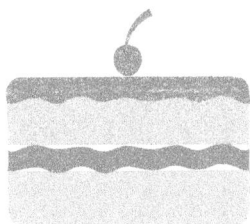

SUNETUL HYGGE

Micile scântei pârâind vesele și pocnetele scoase de lemnele arzând sunt, probabil, cele mai hyggelige sunete care există. Dar nu vă faceți griji, dacă locuiți într-un apartament și nu puteți face un foc deschis fără a vă expune riscului imens al accidentelor fatale.

Multe alte sunete pot fi *hyggelige*. De fapt, hygge înseamnă mai ales lipsa sunetelor, ceea ce vă permite să auziți până și cele mai mici zgomote, precum cel al picăturilor de ploaie pe acoperiș, al vântului de afară, al copacilor legănați de vânt sau al unei dușumele de lemn pe care calci. De asemenea, sunetele scoase de cineva care desenează, gătește sau tricotează ar putea fi, și ele, *hyggelig*. Orice sunet dintr-un mediu în care te simți în siguranță e o muzică hygge. De exemplu, sunetul tunetului poate fi foarte *hyggeligt*, dacă ești în casă și te simți în siguranță; dacă ești afară, lucrurile vor sta cu totul altfel.

MIROSUL HYGGE

Ați mirosit vreodată ceva care să vă transporte într-un timp și într-un loc unde v-ați simțit în siguranță? Ori ați mirosit ceva care, mai mult decât o amintire, să vă aducă în memorie o imagine retrospectivă a lumii, așa cum era ea când erați copii?

Ori poate că un miros induce sentimente puternice de siguranță și confort, cum ar fi aroma venită dintr-o brutărie, mireasma merilor din grădina copilăriei sau poate parfumul familiar al casei părintești?

Ceea ce face un miros *hyggelig* diferă foarte mult de la persoană la persoană, deoarece mirosurilor li se asociază o situație din trecut cu același miros. Pentru unii, mirosul de țigară dimineața este cel mai *hyggelig* lucru care există; pentru alții, acest miros poate provoca greață și dureri de cap. Un element comun al tuturor mirosurilor hygge este că ne amintesc de momente în care eram în siguranță și în care cineva avea grijă de noi. Ne folosim de miros pentru a simți dacă un lucru e bun de mâncat, dar ne folosim de el și pentru a intui dacă un loc este sigur și cât de vigilenți ar trebui să fim. Mirosul hygge este mirosul care ne spune să coborâm complet garda. Mirosul mâncării, mirosul unei pături folosite acasă ori mirosul unui anumit loc perceput ca sigur poate fi foarte *hyggeligt*, deoarece ne amintește de o stare de spirit pe care am avut-o când ne-am simțit complet în siguranță.

CUM SE SIMTE HYGGE?

Așa cum am menționat mai devreme, dacă-ți lași degetele să alunece pe o suprafață de lemn, pe o cană caldă din ceramică sau printre firele de păr ale unei piei de ren, se declanșează starea hygge.

Lucrurile vechi, făcute în casă, care au necesitat mult timp pentru a fi realizate, sunt întotdeauna mai *hyggeligt* decât cele noi, cumpărate. Iar lucrurile mici sunt întotdeauna mai *hyggeligt* decât cele mari. Dacă pentru SUA sloganul este: „Cu cât mai mare, cu atât mai bun", sloganul pentru Danemarca este: „Cu cât mai mic, cu atât mai bun".

În Copenhaga, aproape toate clădirile au doar trei sau patru etaje. Casele noi, construite din beton, sticlă și oțel, n-au nici o șansă în fața factorului hygge al acestor clădiri vechi. Orice este cu adevărat realizat artizanal – obiecte realizate din lemn, ceramică, lână, piele etc – este *hyggeligt*. Metalul lucios ori sticla nu sunt *hyggeligt*, deși ar putea fi, dacă sunt destul de vechi. Suprafața rustică, organică a unui lucru imperfect și a unui lucru care a fost sau va fi afectat de vârstă este hygge la atingere. De asemenea, faptul de a te afla în interiorul unui loc cald când afară este frig diferă de simpla senzație de cald. Îți dă sentimentul de confort în mijlocul unui mediu ostil.

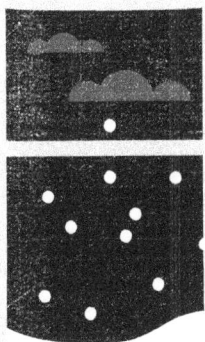

PRIVITUL ÎN STIL HYGGE

Hygge înseamnă, într-o foarte mare măsură, lumină, așa cum am mai spus. O lumină prea puternică nu este hyggeligt. Dar hygge înseamnă și a nu te grăbi.

Aceasta se poate referi și la a privi ceva mișcându-se foarte lent, cum ar fi căderea domoală a fulgilor de nea – sau *akilokoq*, cum ar spune inuiții – ori pâlpâirea leneșă a focului din șemineu. Pe scurt, mișcările lente, naturale și culorile închise, naturale sunt *hyggelige*. Imaginea unui spital alb, steril ori urmărirea deplasării în viteză a mașinilor pe o autostradă nu sunt *hyggelige*. Hygge este potolit, rustic și domol.

CEL DE-AL ŞASELEA SIMŢ HYGGE

Hygge înseamnă să te simţi în siguranţă. Deci, hygge este un indicator al faptului că ai încredere în cei cu care eşti şi unde eşti.

Iar sentimentul de hygge este un indicator al sentimentului de plăcere când cineva îţi spune să te încrezi în instincte, că ţi-ai extins zona de confort pentru a-i include pe alţii şi sentimentul că poţi fi tu însuţi doar în preajma altor oameni.

Aşadar, hygge poate fi gustat, mirosit, auzit, atins şi văzut. Dar, cel mai important, hygge se simte. La începutul cărţii, l-am pomenit pe Winnie-the-Pooh şi cred că înţelepciunea lui rămâne valabilă. Nu explici dragostea. O simţi. Aceasta ne aduce la tema finală a cărţii: fericirea.

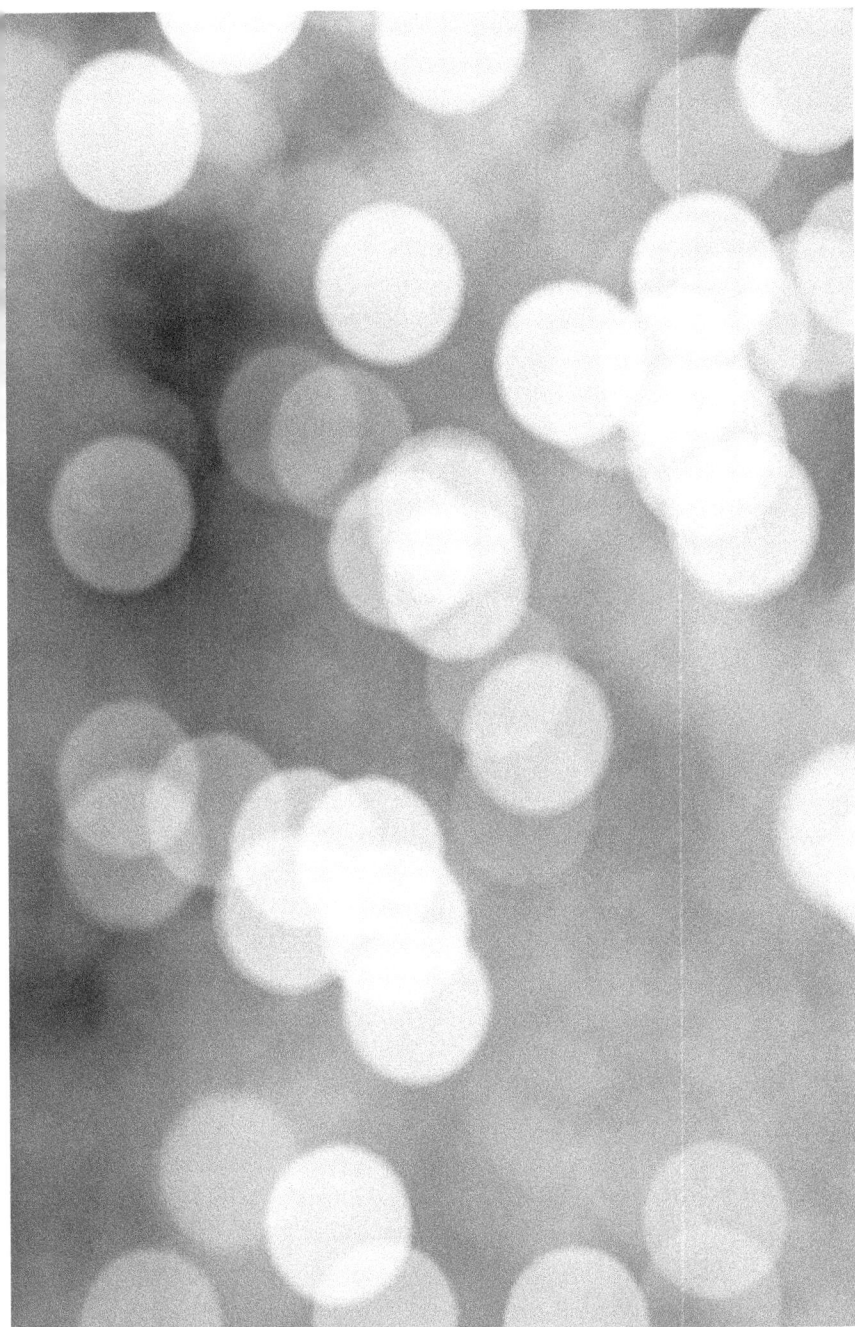

HYGGE ȘI FERICIREA

În zilele noastre, liderii politici din toată lumea sunt interesați să afle de ce unele nații sunt mai fericite decât altele. În același timp, țările iau măsuri pentru a-și măsura succesul ca societate – nu doar din punct de vedere al creșterii economice, ci și din cel al gradului de îmbunătățire a vieții, nu doar după standardele de trai și după cele ale calității vieții. Aceasta este una dintre consecințele schimbării de paradigmă, departe de produsul intern brut (PIB) ca indicator dominant al progresului din ultimii ani. Totuși, această idee nu este nouă. Așa cum sublinia Robert Kennedy, cu peste patruzeci de ani în urmă:

Produsul intern brut nu ține cont de sănătatea copiilor noștri, de calitatea educației lor ori de bucuria jocului lor. El nu include frumusețea poeziei noastre sau cât de durabile ne sunt căsniciile; inteligența dezbaterii noastre publice ori integritatea oficialilor noștri... Pe scurt, el măsoară totul, cu excepția a ceea ce face viața să merite trăită.

CUP of TEA

HAPPINESS
IS A CUP of
TEA & a NEW
MAGAZINE

În ultima vreme, a crescut interesul și numărul studiilor despre fericire – și se pare că Danemarca se situează în top aproape de fiecare dată. „Aproximativ o dată pe an, un nou studiu confirmă statutul Danemarcei de superputere a fericirii", scria un jurnalist de la *The New York Times*, în 2009. De atunci, această afirmație a devenit din ce în ce mai adevărată.

Raportul asupra fericirii la nivel mondial, realizat de Națiunile Unite, a fost publicat deja de patru ori. Cu o singură excepție – când s-a plasat pe locul trei — Danemarca a ocupat de fiecare dată primul loc. Iar Raportul asupra fericirii la nivel mondial este doar unul din multele clasamente care plasează Danemarca și Copenhaga în vârful listelor despre fericire și calitatea vieții.

Același tipar este evident și când OECD analizează gradul de satisfacție a vieții sau când Ancheta socială europeană analizează fericirea. În plus, revista *Monocle* a declarat de câteva ori Copenhaga drept orașul cu cel mai înalt grad de calitate a vieții. În zilele noastre, clasamentele despre calitatea vieții reprezintă o știre în Danemarca doar atunci când țara nu se plasează pe primul loc. În plus, majoritatea danezilor nu se pot abține să nu zâmbească puțin când aud că Danemarca este cea mai fericită țară din lume. Ei sunt perfect conștienți de faptul că țara lor nu a fost chiar cea mai favorizată când s-a împărțit vremea frumoasă și că, atunci când stau blocați în trafic într-o dimineață umedă de februarie, nu prea par a fi cei mai fericiți oameni de pe planetă.

Așadar, de ce sunt danezii atât de fericiți?

Poziția Danemarcei în clasamentul fericirii

Locul 1:
Raportul asupra fericirii la nivel mondial, 2016

Locul 3:
Raportul asupra fericirii la nivel mondial, 2015

Locul 1:
OECD: Indicele de viață mai bună – satisfacția vieții, 2015

Locul 1:
Ancheta socială europeană, 2014

Locul 3:
OECD: Indicele de viață mai bună – satisfacția vieții, 2014

Locul 1:
Raportul asupra fericirii la nivel mondial, 2013

Locul 5:
OECD: Indicele de viață mai bună – satisfacția vieții, 2013

Locul 1:
Raportul asupra fericirii la nivel mondial, 2012

Locul 1:
Ancheta socială europeană, 2012

FERICIȚII DANEZI

După cum am menționat, studiile internaționale desemnează frecvent Danemarca drept cea mai fericită țară din lume, iar asta a dus, în mod natural, la un interes sporit din partea cercetătorilor fericirii. Care sunt motivele din spatele nivelurilor crescute de fericire din Danemarca?

La Institutul pentru Cercetarea Fericirii, am încercat să răspundem acestei întrebări în raportul „Fericiții danezi – studierea motivelor nivelului ridicat de fericire din Danemarca". Pe scurt, există multe motive. Câțiva factori influențează motivul pentru care unele persoane și unele țări sunt mai fericite decât altele – genetica, relațiile interumane, sănătatea, venitul, slujba, utilitatea și libertatea.

Însă unul dintre motivele principale pentru care Danemarca are rezultate atât de bune în studiile internaționale pe tema fericirii este statul social, care reduce incertitudinea, grijile și stresul în rândul populației. Se poate spune că Danemarca este cea mai fericită țară din lume sau se poate spune că Danemarca este cea mai puțin nefericită țară din lume. Statul social este cu adevărat bun (nu perfect, dar bun) la reducerea nefericirii extreme. Asistența medicală universală și gratuită, educația universitară gratuită și beneficiile relativ generoase pentru șomeri contribuie din plin la reducerea nefericirii. Aceasta are o însemnătate deosebită pentru cei care sunt mai puțin înstăriți, un segment al societății care este mai fericit în Danemarca, decât în alte țări dezvoltate.

Mai mult decât atât, în Danemarca există un nivel ridicat de încredere (observați toate acele cărucioare de copii parcate în fața cafenelelor când părinții sunt înăuntru, la o cafea), există un nivel mare de libertate (danezii înregistrează niveluri cu adevărat ridicate în ceea ce privește sentimentul de control asupra propriilor vieți), de bunăstare materială și de bună funcționare a societății civile.

Totuși acești factori nu diferențiază Danemarca de celelalte țări nordice. Norvegia, Suedia, Finlanda și Islanda se bucură, și ele, de niveluri relativ ridicate ale binelui. De aceea toate țările nordice se regăsesc, de obicei, în top zece când vine vorba de fericire. Cu toate acestea, poate că hygge este cel care deosebește Danemarca de restul țărilor nordice. Eu cred că hygge și fericirea ar putea fi interconectate, căci hygge ar putea fi căutarea fericirii cotidiene, iar o parte dintre elementele-cheie pentru hygge sunt generatoare de fericire. Haideți să vedem câteva dintre ele.

HYGGE CA SPRIJIN SOCIAL

Date fiind cele prezentate, putem, eventual, să explicăm acum trei sferturi dintre motivele pentru care unele țări sunt mai fericite decât altele – factori precum generozitatea, libertatea, PIB-ul, buna guvernare și speranța de viață sănătoasă. Însă factorul care are cel mai mare efect asupra fericirii noastre este sprijinul social.

Ce rezultă de aici e simplu: au oamenii pe cineva în grupul lor de relații pe care se pot baza la nevoie? Da sau nu. Poate că nu este cea mai bună sau cea mai nuanțată modalitate de măsurare a sistemelor noastre de sprijin social, dar sunt datele pe care le avem din țările incluse în Raportul asupra fericirii la nivel mondial.

Unul dintre motivele nivelului ridicat al fericirii în Danemarca este echilibrul corect dintre muncă și viață, care le permite oamenilor să-și facă timp pentru familie și prieteni. Conform Indicelui de viață mai bună al OECD, danezii au mai mult timp liber decât popoarele celorlallor țări membre ale OECD și, conform Anchetei sociale europene, 33% dintre danezi declară că se simt calmi și liniștiți aproape tot timpul, în vreme ce, pentru Germania, procentajul este de 23%, pentru Franța, de 15%, iar pentru Marea Britanie, de 14%.

Deci politicile contează, dar poate că hygge întreține, de asemenea, o modalitate specială de a fi împreună cu cei dragi. În capitolul despre socializare, am discutat despre legătura dintre relații, hygge și fericire. Legătura nu poate fi exagerată. În 1943, psihologul ruso-american Abraham Maslow a dezvoltat un sistem numit piramida nevoilor umane și teoria conform căreia oamenii trebuie să-și satisfacă nevoile începând de la baza piramidei către vârful ei. Nevoile cele mai elementare sunt psihologice: hrană, apă și somn – și siguranță. Dar, apoi, vin nevoile noastre sociale, nevoia de dragoste și sentimentul de apartenență. Dacă nu ni se acoperă aceste nevoi, nu vom fi capabili să mergem mai departe cu satisfacerea nevoilor de recunoaștere socială și de autoîmplinire.

Autoîmplinire

Recunoaştere socială

Dragoste şi apartenenţă

Hrană, apă, somn şi siguranţă

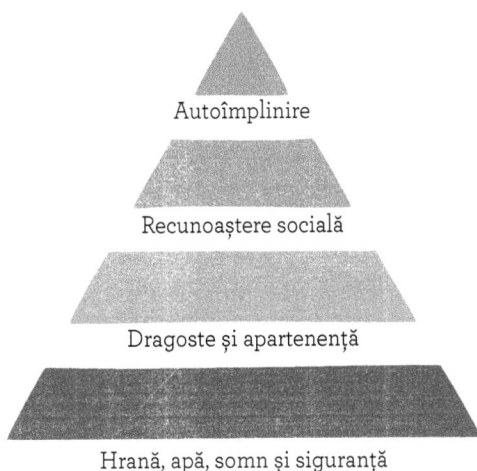

Azi, când cercetătorii fericirii analizează numitorii comuni ai celor care se consideră fericiţi, reiese, fără excepţie, un tipar, şi anume că aceşti oameni au relaţii sociale semnificative şi pozitive. Studiile mai arată că, atunci când indivizii sunt izolaţi social, se activează multe dintre aceleaşi zone ale creierului care sunt active în cazul suferinţei fizice.

Cele patru ediţii ale Raportului asupra fericirii la nivel mondial, publicate până acum, sunt pline de dovezi asupra legăturii dintre relaţii şi fericire. Familia, prietenii şi relaţiile personale apropiate cu adulţii dragi explică oscilaţia cea mai mare a fericirii. Cu excepţia ţărilor foarte sărace, fericirea variază mai mult odată cu calitatea relaţiilor interumane decât cu bogăţia.

Conform rapoartelor, cele mai importante relaţii sunt cu cei dragi – în toate societăţile –, însă relaţiile de la locul de muncă, cele cu prietenii şi cele din comunitate sunt, de asemenea, importante. Aşadar, relaţiile de calitate au impact asupra fericirii noastre, dar relaţia cauză-efect funcţionează în ambele sensuri. Studiile sugerează că, dacă ai un nivel ridicat de fericire, creşte şi nivelul sociabilităţii, iar calitatea relaţiilor pe care le avem se îmbunătățește. Experimentele mai arată că oamenii cu o stare de spirit pozitivă sunt mai interesați de activități sociale și prosociale. În mod similar, conform Raportului asupra fericirii la nivel mondial, un sondaj efectuat în 123 de țări a arătat că experiența sentimentelor pozitive este strâns legată de relații sociale de calitate în diverse regiuni socio-culturale.

Pe scurt, cercetarea efectuată pe parcursul câtorva decenii vine cu dovezi care susțin legătura dintre relațiile noastre și starea de bine. Oamenii mai fericiți au prietenii și relații de familie mai multe și de o calitate mai bună. Astfel, relațiile de calitate aduc fericire și sunt determinate de aceasta. Studiile sugerează că, dintre toți factorii care influențează fericirea, sentimentele față de cei care sunt în jurul tău sunt foarte aproape de vârful listei.

De aceea, hygge ar putea fi unul dintre motivele pentru care danezii raportează de fiecare dată niveluri ridicate de fericire. Aici nu doar că există politici care le asigură timpul necesar dezvoltării unor relații semnificative, însă limba și cultura îi determină, de asemenea, pe danezi să facă o prioritate din petrecerea timpului cu familia și prietenii și să dezvolte relații de calitate de-a lungul timpului.

SAVOARE ȘI RECUNOȘTINȚĂ

După cum am menționat în capitolul despre mâncare, hygge înseamnă să-ți oferi ție însuți și celorlalți câte o delicatesă. Înseamnă să savurezi momentul și plăcerile simple ale mâncării bune și ale companiei de calitate.

Înseamnă să acorzi atenția cuvenită ceștii de ciocolată caldă cu frișcă. Pe scurt, răsfăț. Hygge este despre momentul prezent, despre cum să te bucuri de clipă și să profiți în cel mai frumos mod de ea.

Mai mult decât orice, a savura înseamnă a fi recunoscător. Le amintim adesea celorlalți să nu ia lucrurile ca și cum li s-ar cuveni. Recunoștința este mai mult decât un simplu „mulțumesc" când primești un dar. Ea înseamnă să nu uiți că trăiești în această clipă și să te concentrezi asupra acestei clipe, apreciind viața pe care o ai, să te concentrezi asupra a tot ceea ce ai, și nu asupra a ceea ce nu ai. Clișeu? Absolut!

Cu toate acestea, studiile bazate pe dovezi arată că faptul de a fi recunoscător are un puternic impact asupra fericirii.

Conform celor afirmate de Robert A. Emmons, profesor de psihologie la Universitatea din California și unul dintre experții de marcă la nivel internațional pe tema recunoștinței, oamenii care se simt recunoscători nu doar că sunt mai fericiți decât cei care nu se simt astfel, dar sunt și mai altruiști, caritabili și mai puțin materialiști.

În unul dintre studiile sale, care a presupus intervievarea a peste o mie de subiecți, unora dintre aceștia li s-a cerut să țină jurnale ale recunoștinței, în care să scrie săptămânal pentru ce erau recunoscători. Cercetătorii au descoperit că recunoștința are beneficii psihologice, fizice și sociale. Persoanele care au ținut un jurnal al recunoștinței au declarat că simt emoții mai pozitive, precum vioiciune și entuziasm, că dorm mai bine și că au mai puține simptome de boală, fiind mai preocupați de situațiile în care ar putea fi de ajutor.

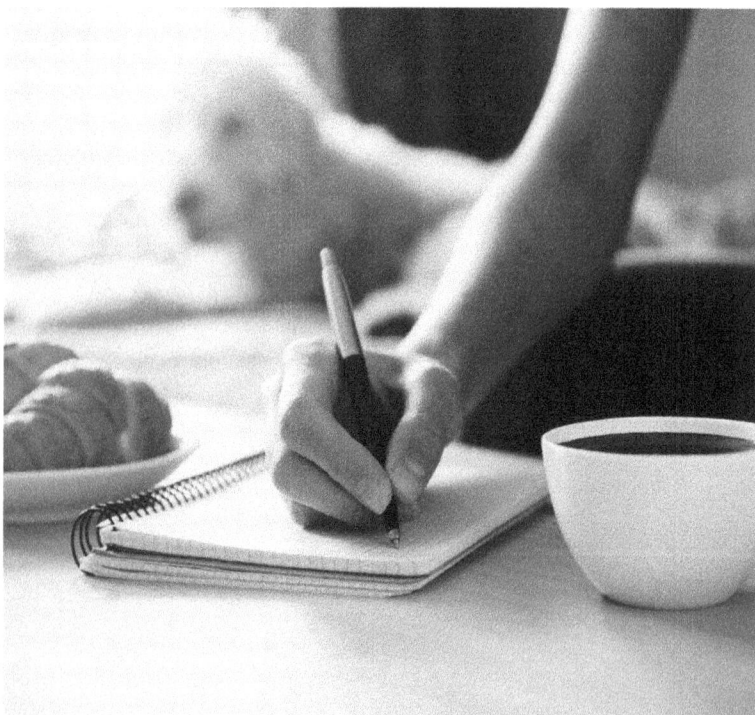

Cercetările mai arată că persoanele recunoscătoare tind să-și revină mai repede din traume și suferințe decât celelalte persoane, fiind mai puțin probabil ca ele să se streseze în diferite situații. Se poate vedea de ce este important să introducem recunoștința în viața de zi cu zi.

Din păcate, deoarece sistemul nostru emoțional este adept al noului, ne adaptăm rapid la lucruri și evenimente noi, mai ales la cele pozitive. Prin urmare, este nevoie de lucruri noi pentru care să fim recunoscători și să nu ne blocăm în același mod de gândire. Emmons e de părere că recunoștința îi face pe oameni să se dea un pas înapoi, ca să analizeze valoarea celor avute și să le aprecieze astfel mai mult, ceea ce face mai puțin probabil faptul de a lua de bun ceea ce au.

Hygge ne-ar putea ajuta să fim recunoscători pentru cotidian, deoarece ideea este savurarea plăcerilor simple. Hygge folosește la maximum clipa, dar este și o modalitate de planificare și de menținere a fericirii. Danezii își planifică momentele *hyggelige* și-și amintesc de ele după.

„Nostalgia face parte din hygge?", m-a întrebat unul dintre tehnoredactorii acestei cărți. Citise parte din ciornele inițiale și ne aflam acum la Granola Café Værnedamsvej din Copenhaga, discutând despre simțuri și identitate vizuală. La început, am respins ideea. Dar, în procesul scrisului, mi-am dat seama, încetul cu încetul, că avea dreptate. Retrăind acele momente hygge când am stat în fața focului ori pe un balcon în Alpii francezi sau când m-am întors în cabana de vară a copilăriei mele, am fost nostalgic. Mi-am dat seama, în același timp, că zâmbeam.

Conform studiului „Nostalgia: Content, Triggers, Function", apărut în *Journal of Personality and Social Psychology* (noiembrie 2006), nostalgia produce sentimente pozitive, ne consolidează amintirile și sentimentul de a fi iubiți și ne amplifică respectul de sine. Așadar, deși fericirea și hygge sunt, categoric, despre aprecierea clipei prezente, ambele pot fi, de asemenea, planificate și menținute. Hygge și fericirea au un trecut și un viitor, la fel cum au un prezent.

HYGGE ȘI FERICIREA DE ZI CU ZI

Eu studiez fericirea. În fiecare zi încerc să răspund unei singure întrebări: de ce sunt unii oameni mai fericiți decât alții?

Mi s-a spus că muzicienii se uită la note și pot auzi muzica în mintea lor. Același lucru mi se întâmplă și mie când mă uit la datele despre fericire. Aud sunetele reconfortante ale vieților trăite frumos. Aud bucuria, sentimentul relaționării și sentimentul rostului în viață.

Mulți oameni sunt, totuși, sceptici în privința posibilității măsurării fericirii. Una dintre problemele ridicate este că există percepții diferite asupra definiției fericirii. Noi încercăm să admitem asta spunând că „fericirea" este un termen-umbrelă. O demontăm și analizăm diferitele componente. Astfel, când Institutul pentru Cercetarea Fericirii, ONU, OECD și diferitele guverne încearcă să măsoare fericirea și să cuantifice calitatea vieții, putem lua în considerare cel puțin trei dimensiuni ale fericirii.

În primul rând, ne uităm la satisfacția vieții. Facem aceasta chestionând oameni în sondaje internaționale: cât de satisfăcuți sunteți cu viața dumneavoastră, în general? Sau cât de fericiți sunteți pe o scară de la 0 la 10? Faceți un pas înapoi și evaluați-vă viața. Gândiți-vă la cea mai bună viață pe care ați putea-o avea și la cea mai rea posibilă: unde simțiți că vă poziționați în acest moment? Aici se plasează Danemarca pe primul loc în lume.

În al doilea rând, ne uităm la dimensiunea afectivă sau hedonistă. Ce fel de emoții au oamenii zi de zi? Dacă vă uitați la ziua de ieri, simțiți furie, tristețe, singurătate? Ați râs? V-ați simțit fericiți? V-ați simțit iubiți?

A treia dimensiune se numește dimensiunea eudaimonică, după cuvântul grec antic *eudaimonia*, însemnând „fericire". Ea se bazează pe percepția lui Aristotel asupra fericirii – iar, pentru el, o viață bună era o viață cu rost. Așadar, simt oamenii că au un rost în viață?

În mod ideal, ceea ce facem noi este să urmărim cel puțin 10 000 de persoane – într-o manieră științifică, nu ca niște hărțuitori – timp de, să zicem, zece ani. Deoarece, în următorii zece ani, unii dintre noi vor fi promovați, alții își vor pierde slujbele, iar unii se vor căsători. Întrebarea este: ce impact au aceste schimbări asupra diferitelor dimensiuni ale fericirii?

Așadar, cât de fericiți sunteți, în general? Cât de satisfăcuți sunteți de viața voastră? Aceste întrebări au fost adresate și au primit răspuns de milioane de ori în toată lumea, așa că acum putem căuta tipare în datele obținute. Ce au în comun oamenii fericiți, fie ei din Danemarca, Marea Britanie, China sau India? Ce efect are asupra fericirii dublarea venitului sau căsătoria, de exemplu? Care sunt numitorii comuni ai fericirii?

Facem asta de ani de zile în cazul sănătății, de exemplu, cercetând numitorii comuni ai oamenilor care ajung să împlinească o sută de ani. Și datorită acestor studii, știm că alcoolul, tutunul, sportul și alimentația influențează speranța de viață. Noi folosim aceleași metode pentru a înțelege ce anume contează pentru fericire.

„Păi", ați putea spune, „înseamnă că fericirea este foarte subiectivă." Da, bineînțeles că este, și așa și trebuie să fie. Ce mă interesează pe mine este ce simte fiecare în raport cu propria-i viață. Eu cred că fiecare, în parte, poate decide cel mai bine dacă este fericit sau nu. Da, este dificil să lucrezi cu măsuri subiective, dar nu imposibil. O facem tot timpul când vine vorba despre stres, anxietate și depresie, care sunt, de asemenea, în anumite privințe, fenomene subiective. Până la urmă, totul se rezumă la cum ne percepem viața ca indivizi. Încă nu am auzit un argument care să mă convingă de ce ar trebui ca fericirea să fie singurul lucru din lume pe care să nu-l putem studia într-o manieră științifică. De ce să nu încercăm să înțelegem lucrul care contează poate cel mai mult?

Încercăm, așadar, să înțelegem ce declanșează satisfacția vieții, fericirea afectivă sau hedonistă și eudaimonismul. Diferitele dimensiuni sunt, desigur, corelate. Dacă duci o viață plină de emoții pozitive, foarte probabil că vei raporta niveluri mai mari de satisfacție a vieții. Însă a doua dimensiune este mult mai volatilă. Se poate identifica aici un efect de weekend. Oamenii declară emoții mult mai pozitive în timpul weekendului decât în restul zilelor săptămânii. Asta nu reprezintă vreo surpriză pentru majoritatea oamenilor, pentru că există o probabilitate mai mare să fim implicați în activități care generează emoții pozitive la sfârșit de săptămână. Mai mult, diferitele dimensiuni ale fericirii sunt corelate biologic. De exemplu, binele hedonist și eudaimonic sunt corelate, multe dintre mecanismele creierului implicate în experiențele hedoniste ale plăcerii senzoriale fiind, de asemenea, active în experiențele mai eudaimonice.

Întorcându-ne la hygge și fericire, eu cred că una dintre cele mai interesante descoperiri din ultimii ani este faptul că experiența emoțiilor pozitive contează mai mult pentru binele nostru general, măsurat din punct de vedere al satisfacției de viață, decât absența emoțiilor negative (deși ambele sunt importante, conform Raportului asupra fericirii la nivel mondial).

Cercetând și scriind această carte, am ajuns să-mi dau seama că hygge poate funcționa ca generator de fericire cotidiană. Hygge ne oferă limbajul, obiectivul și metodele pentru planificarea și menținerea fericirii – și pentru a avea câte un pic de fericire în fiecare zi. Hygge ne poate apropia cel mai mult de fericire când venim acasă după ore lungi de muncă, într-o zi rece și umedă de ianuarie.

Și, haideți să fim cinstiți, aici ne petrecem mare parte din viață. Și nu doar în zilele reci de ianuarie, ci în fiecare zi. O dată pe an – sau mai des, dacă suntem norocoși – ne aflăm pe o plajă însorită dintr-o țară exotică și putem afla acolo, pe țărmurile alea îndepărtate, și hygge, și fericirea. Dar hygge înseamnă să profiți la maximum de ceea ce ai din abundență: cotidianul. Poate că Benjamin Franklin a spus-o cel mai bine: „Fericirea omenească se naște mai degrabă din micile foloase pe care le avem în fiecare zi, și nu din marile evenimente ale soartei, care se întâmplă rareori".

Eu trebuie să plec acum să-mi vizitez tatăl și pe soția lui. Cred că am să le duc o prăjitură.

CREDITE FOTO

p. **7** Westend61/Getty Images

p. **13** Tulio Edreira/EyeEm/Getty Images

p. **17** Lynnette/ Shutterstock

p. **31** Ann-Christine/Valdemarsro.dk

p. **40** Sandra Starke/EyeEm/Getty Images

p. **45** Ann-Christine/Valdemarsro.dk

p. **51** Meik Wiking

p. **54** savageultralight/Shutterstock

p. **56** Fotovika/Shutterstock

p. **60** Ann-Christine/Valdemarsro.dk

p. **64** Svitlana Sokolova/Shutterstock

p. **71** Mikkel Heriba/Copenhagenmediacenter

p. **74** Le Glace

p. **76** Ann-Christine/Valdemarsro.dk

p. **79** Sarka Babicka/Getty Images

p. **81** Radovan Surlak/EyeEm/Getty Images

p. **85** Peter Anderson/Getty Images

p. **86** AS Food Studio/Shutterstock

p. **88** Ann-Christine/Valdemarsro.dk

p. **90** Ann-Christine/Valdemarsro.dk

p. **92** Ann-Christine/Valdemarsro.dk

p. **94** AGfoto/Shutterstock

p. **96** Ann-Christine/Valdemarsro.dk

p. **99** Klaus Vedfelt/Getty Images

p. **103** Renata Gimatova/EyeEm/Getty Images

p. **104** Anna Fox/EyeEm/Getty Images

p. **106** Anne Vanraes/EyeEm/Getty Images

p. **109** Ruth Jenkinson/Getty Images

p. **113** Serny Pernebjer/Getty Images

p. **116** Kahlerdesign

p. **117** IsakBA/Shutterstock

p. **119** Meik Wiking

p. **121** KristianSeptimiusKrogh/Getty Images

p. **122** Kay Bojesen Denmark

p. **123** Ann-Christine/Valdemarsro.dk

p. **124** Jodie Johnson/Shutterstock

p. **126** Yulia Grigoryeva/Shutterstock

p. **129** Meik Wiking

p. **130** Hero Images/Getty Images

p. **132** Photographee.eu/Shutterstock

p. **134** Jill Ferry Photography/Getty Images

p. **138** Meik Wiking

p. **144** Marc Volk/Getty Images

p. **147** Meik Wiking

p. **146** Ann-Christine/Valdemarsro.dk

p. **148** Lumina Images/Getty Images

p. **151** Meik Wiking

p. **155** Morten Jerichau/
Copenhagenmediacenter

p. **156** Ann-Christine/Valdemarsro.dk

p. **157** Meik Wiking

p. **159** Meik Wiking

p. **160** Hinterhaus Productions/Getty Images

p. **163** Ann-Christine/Valdemarsro.dk

p. 164 Klaus Bentzen/Copenhagenmediacenter

p. 166 Meik Wiking

p. 168 Ethan Miller/Staff/Getty Images

p. 170 Dennis Paaske/EyeEm/Getty Images

p. 171 venerof/Shutterstock

p. 172 galyaivanova/Getty Images

p. 173 Anna Shepulova/Shutterstock

p. 177 Paul Viant/Getty Images

p. 178 JAG IMAGES/Getty Images

p. 181 Meik Wiking

p. 183 Ann-Christine/Valdemarsro.dk

p. 184 Lolostock/Shutterstock

p. 187 Meik Wiking

p. 189 SarahGinn/Nomad Cinema

p. 191 Meik Wiking

p. 192 Thomas Høyrup Christensen/
Copenghagenmediacenter

p. 195 Marcel ter Bekke/Getty Images

p. 200 www.caecacph.com/Jacob Schjørring
& Simon Lau/Copenhagenmediacenter

p. 201 Thomas Høyrup Christensen/
Copenghagenmediacenter

p. 202 La Glace

p. 203 Anders Bøgild/Copenhagenmediacenter

p. 204 Tivoli/Copenhagenmediacenter

p. 206 Ty Stange/Copenhagenmediacenter

p. 207 Ty Stange/Copenhagenmediacenter

p. 208 Ty Stange/Copenhagenmediacenter

p. 210 www.caecacph.com/Jacob Schjørring
& Simon Lau/Copenhagenmediacenter

p. 213 Martin Heiberg/
Copenhagenmediacenter

p. 217 Cees van Roeden/
Copenhagenmediacenter

p. 218 Ty Stange/Copenhagenmediacenter

p. 221 AnjelikaGr/Shutterstock

p. 222 Chris Tonnesen/
Copenhagenmediacenter

p. 227 Ann-Christine/Valdemarsro.dk

p. 228 Ty Stange/Copenhagenmediacenter

p. 232 Brent Hofacker/Shutterstock

p. 234 Belinda Gehri/Great Dane Paper Shop

p. 238 Jonas Smith/Copenhagenmediacenter

p. 243 Ann-Christine/Valdemarsro.dk

p. 245 Meik Wiking

p. 246 Westend61/Getty Images

p. 249 Meik Wiking

p. 250 Ty Stange/Copenhagenmediacenter

p. 253 Ty Stange/Copenhagenmediacenter

p. 255 Adrian Lazar/Copenhagenmediacenter

p. 258 Westend61/Getty Images

p. 262 WichitS/Shutterstock

p. 267 Here/Shutterstock

p. 271 Sean Malyon/Getty Images

p. 275 A. and I. Kruk/Shutterstock

p. 280 A. and I. Kruk/Shutterstock

Aș dori să le mulțumesc cercetătorilor de la Institutul pentru Cercetarea Fericirii – Johan, Felicia, Michael și Kjartan – pentru ajutorul acordat la această carte. Fără ei, munca nu ar fi fost nici pe jumătate atât de *hyggeligt*.

La Glace, iunie 2016

9 786063 314186